公共文化服务研究丛书

主　　编◎戴　言
执行主编◎张卫中

浙江公共文化服务创新研究

王全吉　周　航◎主编

Zhejiang Gonggong Wenhua
Fuwu Chuangxin Yanjiu

ZHEJIANG UNIVERSITY PRESS
浙江大学出版社

编 委 会

目　　录

浙江公共文化服务创新研究

浙江公共文化服务创新案例

浙江公共文化服务创新研究

第一章　公共文化服务的概念与内涵

近年来,公共文化服务越来越频繁地出现在各个语境的各种表述中,体现出越来越丰富、复杂的内涵与外延。为了在最大限度上明确本书中所指涉的公共文化服务的含义,本章节特对"公共文化服务"这一基本概念进行必要的界定,并对其内涵进行概括和阐述,以使本书中所论及的公共文化服务在既定范围内保持较高的一致性,亦使该概念原则上得到更为明确的理解。

一、公共文化服务的概念

因其丰富性、复杂性和综合性,"公共文化服务"这一概念目前尚未有特定、明确的定义,但其基本指涉的内容、含义与性质仍具有一定的统一性。本节将从学术界、政府及公共部门、群众文化界三个不同主体出发,从不同立场、角度或意图对"公共文化服务"这一概念进行界定和阐述。

(一) 学术界对公共文化服务概念的界定

学术界对公共文化服务概念的界定与阐述,建立在公共文化研究和公共管理学研究两个范畴的研究基础之上,是"公共文化"和"公共服务"两个概念的整合性表述。在此,首先需厘清两组关系,即"公共文化服务"和"公共文化"、"公共文化服务"和"公共服务"的关系。通过对这两组关系的梳理,归纳总结出当前学术界对公共文化服务这一概念的界定。

1. 公共文化服务与公共文化

从文化研究的角度来看,公共文化是一种以公共性为内在本质属性的特殊的文化范畴,其有深厚的精神人文内涵与外化为丰富物质形态的外延。在内涵方面,除内在公共性本质属性之外,公共文化还具有与本质属性内在关联或衍生出来的相关属性,如普适性、开放性、公益性、公正性、平等性等。公共文化在文化的精神品质与属性上折射出来的文化力量与人文意蕴丰富、延展了公众的公共观念与意识,培养了他们对所处社会及群体文化价值观念的认同感,引导他们追求文化发展和社会和谐并深化内心对该文化与社会的归属感。这是公共文化追求的理想化境界,而这也正是公共文化服务所追求的根本目标。在外延方面,公共文化外化为以文化馆(站)、群众艺术馆为代表的公共文化场所和以公共图书馆和公共博物馆为代表的公共文化资源等物质形态,体现了公共文化资源的共享性。这与公共文化服务整合文化资源、鼓励公众参与、深化文化资源共享等功能和意图高度契合。就其属性而言,公共文化服务所具有的公共性、公益性、公平性与公开性等基本属性以及与此内在关联或衍生的普适性、规范性、公利性、公正性、开放性、平等性等相关属性与公共文化所具属性具有相同或接近的核心价值。从两者在市民社会中的地位和作用来看,按照哈贝马斯的观点,公共文化领域与社会经济领域、国家政治领域彼此独立又相互制衡,在市民社会中的地位与作用相当,当前我国的公共文化服务也被提升到与政治、经济相同的发展战略高度,成为我国当前社会建设的主体之一。由此,我们不难看出,公共文化服务与公共文化有着类同的相关属性、文化形态、价值追求和发展方向。可以说,公共文化服务其实质正是公共文化在我国的实践与发展。

2. 公共文化服务与公共服务

从公共管理学的角度来看,公共服务是公共部门与准公共部门为满足社会公众需要,提供公共产品和准公共产品的服务行为的总称。将这一定义扩展到公共文化领域,则可简要表述为:公共文化服务是公共文化部门为满足社会公共文化需求,提供公共文化产品的服务行为的总称。公共文化服务的实质是一种文化层面的公共服务,其生产、提供的产品同样具有公共产品和准公共产品的特性。但同时,从公共经济学的角度来说,公共文化服务本身也是一种以文化为实体的公共产品,包括了精神和物质两种形态,具体表现为文化产品与文化服务,并有着自身的生产标准、分配原则和提供渠道。由此可见,公共文化服务与公共服务的关系在一定范围内表现为从属关系,简单来说,公共文化服务就是提供文化产品和文化服务的公共服务,是涵盖面丰富多元的公共服务中的一个重要组成部分。

综合以上两个方面的论述,可以归纳总结出学术界对公共文化服务这一概念的界定,或者说大致可以从以下几点来予以把握:第一,公共文化服务是公共文化与公共服务的有机关联;第二,公共文化服务生产、提供的公共产品有精神、物质两种形态,包括文化产品和文化服务;第三,公共文化服务的生产、提供者是公共部门和准公共部门;第四,公共文化服务的目的在于满足公众文化需求,维持社会与发展所必需的文化环境与条件,最终实现人的全面发展。在此基础上,可以将公共文化服务综合表述为:公共文化服务是以满足社会公众基本文化需求、实现公民基本文化权益、维系社会生存与发展所必需的文化环境与条件为目的,由社会公共部门和准公共部门共同生产并向全体公众提供的公共文化产品和文化服务的行为。

(二) 政府及公共部门对公共文化服务概念的阐述

相比之下,政府及公共部门对公共文化服务概念的表述和概括则更为完整和具体,表意也更为明确。在政府层面,公共文化服务始终是作为公共服务的一个重要组成部分来进行相关阐述的。不过,政府及公共部门关于公共文化服务概念的提出也是一个循序渐进、逐步明晰的过程,经过了"公共服务—公共文化服务—公共文化服务体系"这样一个发展过程。

1. 关于公共服务的阐述

2003年10月,党的十六届三中全会《中共中央关于完善社会主义市场经济体制若干问题的决定》指出,今后政府的职能主要是经济调节、市场监管、社会管理、公共服务,首次明确提出将提供"公共服务"作为政府职能之一。2004年2月,温家宝总理在"树立和落实科学发展观"专题研究班结业时的讲话中,指出公共服务"就是提供公共产品和服务,包括加强城乡公共设施建设,发展社会就业、社会保障服务和教育、科技、文化、卫生、体育等公共事业,发布公共信息等,为社会公众生活和参与社会经济、政治、文化活动提供保障和创造条件"。这段讲话对"公共服务"进行了更为详细、明确的表述,表明公共文化服务是国家公共服务体系建设的一个重要组成部分。

2. 关于公共文化服务的阐述

2002年11月,党的十六大明确了对发展文化事业和文化产业的重要性,特别提出"要加强政府对文化公益事业扶持的力度,为人民群众提供良好的公共文化服务",表明公共文化服务是国家文化事业建设的有机组成部分。2006年9月,国家颁布了《"十一五"时期文化发展规划纲要》,将加强"公共文化服务"作为下一步文化建设的重要组成部分,这是国家首次明确提出"公共文化服务"的概念。此后,公共文化服务作为当前文化建设的核心理念,越来越频繁地出现在从中央到地方有关部门的文件和领导讲话中。

3. 关于公共文化服务体系的阐述

2011年10月,中共十七届六中全会通过了《中共中央关于深化文化体制改革 推动社会主义文化大发展大繁荣若干重大问题的决定》,提出要以公共财政为支撑,以公益性文化单位为骨干,以全体人民为服务对象,以保障人民群众看电视、听广播、读书看报、进行公共文化鉴赏、参与公共文化活动等基本文化权益为主要内容,完善覆盖城乡、结构合理、功能健全、实用高效的公共文化服务体系。

从上述三个方面的阐述可见,公共文化服务的概念是在经济体制改革、政府职能转变和文化改革创新的基本框架中提出的,政府从国家宏观公共服务体系建设出发,加强了对文化公益事业的扶持力度,明确了公共文化服务及其体系建设在社会建设中的重要地位与作用。在此,公共文化服务的概念可以阐述为:公共文化服务就是通过发展公共文化事业,为社会公众参与社会文化活动提供保障和创造条件,着力提高全体公众的文化素质和文化生活水平,为公众提供公共文化产品和精神文化享受的服务行为。

(三) 群众文化界对公共文化服务概念的理解

所谓群众文化界其实是从事与群众文化相关工作与研究的人的群体性指称。这一概念具有特定时代内涵和文化内涵。群众文化是特定历史时期和文化背景下产生的概念,其实质、内容与形式等各个意向指标都对应着前文所表述的"公共文化",在此意义上可将群众文化界理解为公共文化服务工作者群体,包括公共文化产品的创作、生产者以及公共文化服务的参与、执行者等。在狭义的范围内,则特指各级群众文化学会、群众艺术馆、文化馆(站)的群文工作者和理论研究人员。

群众文化界自身并未提出关于公共文化服务的定义或阐释,而是对前两者给出的相关定义和阐释加以引用,或在前两者给出的定义中进行选择性运用。应该说,每个群文工作者和理论研究人员基于各自知识结构和理解程度的不同,对公共文化服务的理解也有着一定差异。但从总体来看,群众文化界对公共文化服务这一概念的理解大致趋于一致,且更为倾向于政府及公共部门对该概念的阐述。不过,基于群众文化界在日常工作中更多地接触、实践了公共文化服务中的具体事务,因此,他们对于公共文化服务这一概念的理解有着更为具体、更为直观的理解和认识。他们对公共文化服务的理解和认识一般可以表述为:公共文化服务是为满足人民日益增长的文化需求,维护好、实现好、发展好人民群众基本文化权益,由各级公共文化部门和文化事业单位提供公共文化产品和服务,开放公共文化场所及设施的文化惠民工程。

上述三个方面的含义阐释,构成了公共文化服务的基本概念或范式。它们在整体能指上具有高度的同一性,但在具体所指上又有着一定的差异性。本书中涉及的"公共文化服务"概念接近政府和群众文化界对这一概念的阐述和理解。

二、公共文化服务的内涵

如前所述,公共文化服务是一个极为丰富、复杂的综合性概念,因此,深入分析和把握其内涵对本书即将展开探讨的内容显得尤为重要。本节意图从文化层面,以文化研究视角来讨论和阐述公共文化服务的本质属性以及在此基础上衍生的其他基本属性。因其他基本属性对公共文化服务内涵的支撑在相当程度上接近于本质属性,故本节将其并列表述。其中,公共性为公共文化服务的本质属性,公益性、公平性和公开性为其基本属性。

(一) 公共性

1. 公共性的含义简述

"公共性"是一个内容丰富、含义复杂的现代性概念,是公共文化服务的本质属性。从其存在范围和基本内涵来概括,公共性是指"公共组织、公共权力、公共事务、公共物品、公共服务、公共利益等'事物'所具有的公有性(非私有性)、共享性(非排他性)和共同性(非差异性)"。从个体的权利与权力的关系来阐述,公共性是"一种体现共同体生存价值的先验的普遍权利",具有"它的空间与时间内涵","是一个空间与时间融合在一起的概念"。而从文化人类学的范畴和角度对公共性进行狭义的定义,则为"某一文化圈里的公共性即为有关该圈里成员所能共同(其极限为平等)享受某种权益,因而共同承担相应义务的制度的性质"。① 因此,从公共性角度来说,公共文化服务就是借助公共权力对公共文化资源和公共文化产品进行二次分配并提供相应公共服务的程式的整体概括。

2. 公共性的文化内涵

要简要表述公共性的丰富含义是极为困难也难以实现的。因此,要从公共文化视角来理解文化的公共性,须从其内在属性进一步分析。可以说,公共性与文化性互为本质属性。文化从本质上说具有社会交往意义上的公共性,这一属性内在地依赖于规范式和理想化的交往结构,依赖于对公众基本文化权利,即参与文化活动、开展文化创造、享受和保护文化成果等文化权利的普遍承认和确立。而在大文化观的视野中,公共性的本质是文化性的。一个社会的公共性通常都打上了这个社会历史文化的烙印,它在特定时间和空间范围内所体现的不同差异、内容、形式与特性都由其相对应的文化范式和体系决定,同时它亦凸显特定地域范围内的社会文化手段和文化追求方式,体现人们在长期共同社会生活中形成的文化状态和文化品质。

3. 公共性包含或关联的几组概念

公有性与共享性:这一组概念体现了政府和公共部门的公共属性。伴随着政府从"管理型"特性向"服务型"方向转型与变革的不断深化,公共文化服务也越来越深层地体现了它的公有性与共享性。理论上,政府及公共文化部门提供的公有文化资源与公共文化产品无障碍、非排他地为全体公众所公有、共享并受益。

整合性与开放性:包含公共资源的整合性和公共空间的开放性。目前,我国政府与相关部门提供的公共文化资源是一个整合的资源,整合了文化产品、文化设施及文化空间等公共事物与资源。但公共空间及设施的公共属性同时也意味着它具有相对的开放性,即公共空间作为公众

---

① 郭湛主编:《社会公共性研究》.北京:人民出版社,2009 年,69－96 页。

共同活动的场所,它必须向公众开放,公众可以机会平等地自由出入其间。

普适性与规范性:然而,具有公共名义的事物并非绝对意义的自由共享与开放,公共文化服务的公共性仍是相对的和有条件的,即公共性具体应用时通过"理性"标准(公共性的规范性基础)和"制度、道德、法律"形式(公共性的外在表现形式)对它进行约束或限制。这也就是说,公共性在文化体验过程中必须体现普遍可接受性和广泛认同性。

共在性与相依性:公共性事物普遍上都意味着同质性与异质性的共在相依。公共文化服务不是人类某种共同本性的产物,而是以多元为特征的公共事物,同质与差异的同时在场构成了其内部既交叉重叠又断裂脱节的复杂秩序。事实上,公共文化服务正是以尊重人的差异性为前提,尊重不同文化的差异性、多样性与多元性,将差异性文化整合成文化的"共同体"。

(二) 公益性

1. 公益性的含义简述

公益性是公共文化服务的基本属性之一,是公共文化服务区别于一般市场经营性文化服务的基本特性,是提供公共文化产品和服务的基本原则。一般来说,公益性以国家及社会公众的整体公共利益为目标和优先考虑对象,以谋求和创造社会效应、满足公众现实文化需求为目的,通过财政保障,采取政府拨款、购买、补贴、配送等方式,保证公共文化服务免费或优惠向社会公众提供。

2. 公益性包含或关联的几组概念

无偿性和非营利性:无偿性和非营利性是公益性的显性属性,也是公共文化服务的显性特征。公共文化服务不以有偿和营利为目的,为公众提供无偿或免费的服务,即公众享受服务有时免费,有时仅按准成本或成本付费,政府维持公益性事业的经济来源主要是公共财政。

公用性和公利性:公共文化产品与服务是广泛为一般公众所使用的

公有物,故其公用性得到了直接、显而易见的体现。因公共文化产品与服务一般由政府所提供,作为公共权力的主体和运行者,政府管理公共事物、提供公共文化服务须以满足全体公众共同的基本文化权益为前提,而这种利益的共同性即为公利性。公共文化服务的公用性是实现公利性的前提,而公利性反之也保障了公用性的获得。

(三) 公平性

1. 公平性的含义简述

公平性是每个公民作为个体,具有相同的机会和权利,能够受到公正、平等的对待。公共文化服务的公平性指的是,公众根据自身的文化需要,拥有一般、同等的机会,平等享受相对应的基本文化权益的原则和属性。不过因初始条件的不同,各个阶层、每个公民个体在实际生活中真正享有或能够把握的机会还是存在着较大差异。这对政府及公共部门提出了更高要求,也是公共文化服务需要发展和创新的内在要求。只有人与人、阶层与阶层之间享有公共文化服务的差距越小,才表明其公平性越高。

2. 公平性包含或关联的几组概念

公正性和平等性:公正性包涵了合理性、合法性、正确性、中肯性等含义,体现了一定的价值判别尺度与意志,可以客观、独立地存在。平等性则从机会和权利的角度,体现了机会和文化权利的均等性,主观存在但客观一般较难获得或实现。公正性和平等性分别体现了确定性和不确定性,公正性有利于推动平等性的确定和实现。

无差别性和无歧视性:无差别性和无歧视性是指在政府和公共部门在提供公共文化服务的过程中对所有公众都平等对待,不因公众自身存在某种差异或缺陷而采取差别性和歧视性的对待态度。这两个属性体现了对人本身的尊重,也正是公共文化服务的基本要求。

（四）公开性

1. 公开性的含义简述

公开性是个复合概念，包含了前述"公共性"和"开放性"两重含义。公开性相对于人的个体性和私人性而言，意味着事物不加隐蔽地可被明言和告知，可为他人所看见和听见，可被众人知晓。公共文化服务的公开性，简而言之，就是公共文化服务各种相关信息通过合法的渠道公之于众，为公众所了解。

2. 公开性包含或关联的几组概念

透明度和知情权：公开性的实现取决于公共信息公开的透明度。知情权指公众有了解和对公共信息知情的公共权利。透明度的程度越大，公众的知情权得到保障和实现的可能性越大。提高公共信息的透明度，保证公众的知情权，是政府与公共部门的职责和义务。

监督制度和告知义务：要实现公共信息的公开、透明，就必须建立一套监督制度和考评机制，对政府及公共部门是否建立了合法、有效的信息渠道，是否履行了公共信息的告知义务进行相应的监督与管理。监督制度关系到政府及公共部门的管理水平和工作效率，既可提高公共文化服务水平，改善公共文化服务机构职能，亦可拓宽公众表达文化需求的渠道和参与政府文化管理的途径与方法。

三、公共文化服务的意义

无论从当下还是未来的角度，公共文化服务创新所产生的意义都清晰可辨且意蕴深长。它维系着社会生存与发展所必需的文化环境与条件，对每个公民个人发展乃至整个社会的全面发展都有着不可低估的意义。

（一）不断满足公众日益增长的精神文化需求，维护和保障公民的基本文化权益

无论从哪个角度、哪个层面去理解，公共文化服务都是以不断满足公众日益增长的精神文化需求为目的的。随着公众精神文化需求和文化生活方式的不断更新和转变，对公共文化服务的期望与要求也会随之增强和提高，一成不变的固有公共文化服务方式与内容显然难以满足这种变化与提升，因此公共文化服务的创新势在必行。只有通过创新，才能为公众提供更为丰富、更高层次的文化产品与服务，不断满足公众日益增长的精神文化需求，同时实现好、维护好、发展好公民的基本文化权益。公民的基本文化权益是公民人权、文化权利的重要组成部分，包含文化权利与文化利益两个层面，具有不可忽视的权力结构存在意义。政府将公民的基本文化权益纳入民生范畴，意味着公共文化服务是政府及公共部门的法定责任和文化承诺，提供并不断创新公共文化服务是保障公民基本文化权益的有力支撑与实现途径。

（二）充分发挥文化基本价值与公共职能，推动和促进构建社会文化和谐

公共文化服务创新能够不断提高政府和公共文化部门生产、提供公共文化产品和服务的能力，充分发挥公共文化的基本价值，丰富和发展政府的公共文化职能，使我国公共文化服务体系建设更大程度地获得国际社会的文化认同，从而在全世界树立一个成熟的现代国家形象。公众在公共文化服务创建中潜移默化地受到主流意识形态和特定文化价值取向的影响，获得更多政府所提倡的观念与意识的内在引导，从实质上促进了当下社会文化的和谐，促进了人的和谐发展。和谐是人类存在的一种普世价值，是对更高层面意识形态的维系与坚守。公共文化服务蕴含着和谐社会的总体认知和核心理念，以内在的文化秩序和普世价值维系着社会的道德体系与价值向度。这是政府不可推卸的公共责任，也是公共文化服务创新内在承载的和谐作用。

（三）有力推动公共文化服务体系建设与发展，实现城乡公共文化服务覆盖

公共文化服务创新在公共文化服务体系建设与发展进程中起着有力的推动作用。公共文化服务体系建设必须依靠责任明确、行为规范、富有效率、服务优良的运行机制，借助当前先进的高新技术与互联网络，积极探索适合公众需要的新型公共文化服务方式，不断提升公共文化服务能力和水平，有力推动公共文化服务体系建设与发展，加快实现城乡公共文化服务的覆盖。公共文化服务体系在城乡的全覆盖，意味着现代文化生活内容、方式与观念在城乡的全覆盖，可实现城乡文化的一致性、同步性与共时性。公共文化服务在高新技术、服务方式、运行机制方面的创新是加快实现这一目标的必由之路。技术上、方式上和机制上的创新，将流动服务、联网服务通过高新技术和灵活方式向城乡基层延伸，在不断提升公共文化服务的影响力和覆盖面方面起着积极的作用。

（四）致力构建民族精神文化家园，绵延中华民族文化血脉

公共文化产品和服务的提供以及公共文化服务体系建设的发展和创新是政府文化责任和制度构建的充分体现，承载着构建民族精神文化家园、绵延中华民族文化血脉的神圣而深远的文化使命。中华优秀传统文化是我国文化建设的宝贵资源，公共文化服务的建设和创新对保护和挖掘民族传统文化资源、传承和弘扬中华优秀传统文化与民族精神、构建公众的精神文化家园有着不可估量的文化作用。同时，民族精神文化家园的构建，使公众对我国民族文化精神结构以及文化谱系都有了更深的了解和情感，对民族、社会和国家产生了更高的文化认同感和文化自豪感，内在地绵延了中华民族的文化血脉，使之更深远、绵亘地进入无限未来。

四、公共文化服务相关理论研究

目前，我国在公共文化服务及其创新方面的理论研究还处于初期起

步阶段,呈现为研究与实践并进的状态,研究焦点仍集中在公共文化服务的发展方式、功能发挥和效应实现等应用策略的探索上,尚未形成成熟、权威的理论体系。就国内现有的相关理论研究来看,大致可以分成以下三种研究层面和类型:

(一)体系层面:学院派理论研究

学院派理论研究主要从理论探讨的立场对公共文化服务的概念、定义、内涵以及政府职能转变和公共管理模式等体系层面与维度进行学术性的研究和探索,其表现形式多为理论专著和研究论文,研究者多为文化理论、公共管理学、哲学等各专业学科的专家、学者。其中具有一定代表性的研究如下:

学术界对公共文化的广泛关注是从研究哈贝马斯市民社会及其公共领域开始的。2005 年,汪晖、陈燕谷主编的《文化与公共性》以文化研究的视角,译介了包括哈贝马斯著名的"公共理论"、泰勒的"市民社会"、福柯的《什么是启蒙?》、罗尔斯的《万民法》等在内的一系列国外经典著述,对国内的公共文化和公共管理等理论研究产生了极大的影响。

2007 年,我国第一本较全面系统论述公共文化服务体系建设的专著《公共文化服务体系研究》出版,它是由深圳学者组成课题组深入北京、香港、重庆、深圳等地考察调研后撰写的。该书首次从政策的理论起点——公民文化权利,以及中国当代政治背景——建设公共服务型政府来论述构建公共文化服务体系的合法性,理论框架涉及公共文化服务体系的主要构成、支持与保障系统、绩效管理与评估等,并在单列的专题报告中从不同方面针对深圳的公共文化服务体系的建构及案例进行详细分析。该书的出版得到了国内许多专家学者的高度评价,但此书也存在一定的局限性,譬如,缺乏对国外相关理论的研究及国内文化政策发展的梳理,对现有体系的相关阐述还需深入推敲。

2009 年,由王列生、郭全中、肖庆合著的《国家公共文化服务体系论》一书,论述了国家公共文化服务体系的命题背景、基本框架、基本原则、文化体制障碍,对中国语境下的公民基本文化权益进行了界定与论述,并通过对公共文化服务体系的项目目标及功能测值方法、人力资源动员保障系统、文化产业的制度支持,财政投入机制与方式,财政投入管理方式等的详尽论述,形成了国家公共文化服务体系完整的理论体系。作者文艺学的研究背景使该书无论就其理论研究的深度还是论证空间的广度都有着较其他政策研究论著更加广阔的知识视野。在这种文艺知识谱系的贯通之下,使得这本公共文化政策的研究论著具有了独特的价值判断能力和事态定位能力。

此外,公共文化服务体系提出后,文化理论界关于公共文化服务体系建设和创新讨论的学术论文很多。学者们围绕公共文化服务的内涵与要素、主体及目标设定、衡量指标及实施路径等作了深入的研究。

对于公共文化产品与服务存在的意义,章建刚认为,任何文化产品在本质上都是公共的,与共同体全体成员的身份认同相关;同时,公共文化服务存在的合法性依据来自于市场失灵。齐勇锋认为,政府必须提供纯公共文化产品和准公共文化产品,前者直接关系到国家文化主权、文化信息安全和社会稳定,或与民族文化创新、传承直接相关,其供给容易出现市场失灵;后者虽然在消费上具有私人产品的竞争性,但在技术手段上难以实现排他性消费的服务和收费,或虽可以实现排他性的收费,但由于边际收益不足以弥补边际成本,需采取由政府和市场混合提供的模式。绝大多数公共文化产品可以归入这一类。魏鹏举也认为,纯公共品在现实生活中比较罕见,大量存在的是准公共品或混合公共品。其中,人类的文化艺术成果属于一种比较特殊的准公共品,它的公共属性取决于享有它和认同它的群体,具有超越种群与国家的普遍公共性。

关于公共文化服务体系的内涵与要素,苏峰认为至少应从三个层面来理解与把握公共文化服务体系:一是经济层面,要注意公共文化产品具有效用的不可分割性、消费的非竞争性和受益的非排他性的特点;二是社会层面,作为非营利组织,政府应该提供非垄断性公共产品,其主要目标是实现集体利益或公共利益;三是政治层面,应从服务型政府定位的角度理解公共文化服务体系。韩东升认为公共文化服务的实质就是文化从业群体向社会提供的公共文化产品和服务,其中既涵盖了城乡公共文化设施建设、发展文化生产力、发布公共文化信息等行业行为,也涵盖了为城乡居民文化生活和参与文化活动提供必备保障和创造条件的社会行为。公共文化服务体系内涵,就是发展文化从业群体的行业行为和社会行为的系统工程。齐勇锋则从另一角度诠释了公共文化服务体系的内涵,他认为公共文化服务体系包括如下四个方面:一是思想理论和价值体系,二是基础设施和文化生态体系(如文化资源保护),三是公共文化的微观提供方式(既有国有,又有社会生产和提供的混合微观主体),四是宏观管理和政府监管(也包括法规体系)。孙若风认为公共文化服务体系至少包括两个部分,一是服务业务体系,二是保障体系(如人才、资金、政策等)。他还适时提出了公共文化服务体系的三要素论,即"公益化、社会化、系统化"。骆威从公共文化服务体系的生产与引导方面提出了"成熟公共文化服务体系十要素论",他认为成熟的公共文化服务体系,应该包括十个方面的内容:即文化政策规范体系、舞台艺术供给体系、文化展示服务体系、群众文化活动体系、文化市场监管体系、文化资源整合体系、文化主体引导体系、文化保护传承体系、文化交流扶持体系与文化人才培育体系。尹昌龙将公共文化服务体系视为政府公共服务体系的组成部分,他指出公共文化服务体系应包括公共文化设施建设、发布公共文化信息、为社会文化生活和文化活动提供保障、创造条件以及为社会文化、民族文化的发展和进步提供坚实的基础等。朱学勤从文化权利的角度分析了公共文化服务体系的内涵,他强调构建公共文化服务平台的关键是"公共",实质是尊重公民的文化平等权。蒯大申也持相近观点,他认为构建公共文化体系必须要树立两个重要观念:公民文化权利、公共服务型政府。其中,公民文化权利是公共文化服务体系的核心观念,而公共服务型政府是现代政府建设的基本理念,它的主要职能包括制度供给服务、良好的公共政策服务、提供公共产品和公共服务。李军鹏也从公民文化权利的角度解释了公共文化服务体系的内涵,他认为"公共文化"包括"公民基本文化权利"以及由此产生的"公共文化需求"和满足公共文化需求的"公关文化产品与服务"。

(二) 政策层面:策略性理论研究

策略性理论研究主要从政策的操作性、可行性及公共效应等角度对公共文化服务的体系建设、政策保障、问题解决、提供策略等政策层面进行策略性的研究和探索,其表现形式多为课题专著或专项调研报告等,并提供给政府决策部门作为制定相关政策、文件的参考信息。研究论著或文集多由政府文化行政部门主编出版,研究者多为文化行政部门管理人员,但也有不少专家、学者有相关论著。其中具有一定代表性的研究有:

2005 年,文化部社图司、中国文化报社在浙江长兴举办了"全国公共文化服务体系建设交流研讨会",并主编出版了会议论文集《中国公共文化服务体系建设论丛》,集中了与会学者对构建公共文化服务体系最初的理论探索,以及公共文化服务从业人员对实践的总结与思考。2006年,广东深圳举办"构建公共文化服务体系理论研讨会",并出版会议论文研讨集《深圳文化研究参考》。这些丛书或文集都是从政策层面探讨公共文化服务体系建设的策略与机制等。

政府文化行政部门的管理者也多从政策、策略角度探讨公共文化服务体系建设的内容、背景与建设途径、方法等。如前文所提到的,2004年,温家宝总理在中央党校省部级主要领导干部"树立和落实科学发展观"专题研究班结业式上的讲话中,鲜明地提出"努力建设服务型政府"的要求,指出公共服务,"就是提供公共产品和服务,包括加强城乡公共设施建设,发展社会就业、社会保障服务和教育、科技、文化、卫生、体育等公共事业,发布公共信息等,为社会公众生活和参与社会经济、政治、文化活动提供保障和创造条件"。文化部社会图书司的张旭司长认为公共文化服务体系建设至少应包括五个方面的内容:一是政策法规的体系;二是基础设施的建设;三是现代服务手段的运用;四是人才的培养和队伍的建设;五是经费保障。浙江省文化厅厅长杨建新认为公共文化服务体系的提出有其深刻的理论背景:一是贯彻落实科学发展观,增强建设社会主义先进文化的能力需要公共文化服务体系;二是社会政治经济体制改革的进程要求公共文化服务体系;三是充分发挥文化自身价值与功能、构建和谐社会需要公共文化服务体系建设;四是打造服务型政府,体现政府执政为民的天职需要公共文化服务体系。苏峰也持相近观点,他认为我国公共服务体系的构建是在经济体制、政府管理体制不断深入地背景下提出的。也有学者认为公共文化服务体系概念的提出有着深刻的社会背景:一是中国经济快速前进,而文化建设显得相对滞后,如何实现社会的平衡发展决定着未来中国的面貌;二是文化领域自身,尤其是大众媒介出现了泛娱乐化的趋势,如何引导文化的健康发展决定着公众精神生活的质量。

此外,还有一系列分析与探索公共文化服务体系建设的专著与报告。如 2003 年胡惠林的专著《文化政策学》;2006 年,齐勇锋、王家新的《建构公共文化服务体系的探索》、《2006 年:中国文化产业发展报告》,丁言的研究论文《建构我国基层文化制度体系的理性分析》;2007 年,叶辛、蒯大申主编的《2006—2007 年:上海文化发展报告——构建公共文化服务体系》,毛少莹、任珺的《公共文化服务绩效评估问题初探》;2008 年,毛少莹的《公共文化政策的理论与实践》等。还有其他相关著述,此处不一一赘述。

(三)流程层面:应用型理论研究

应用型理论研究主要从实际操作流程层面对公共文化服务的微观管理、现实状况、经验做法、存在问题、解决方法等内容进行应用型的分析与探讨,具体形式多表现为调研报告、理论文章以及具体工作实践中产生的相关思考,以寻求解决问题的途径和方式方法,具有较强的实践性和实用性,研究者多为文化事业单位的专业干部或管理人员。这一类研究成果的理论深度和宏观把握能力都较前两者略显薄弱,但对基层公共文化服务的实践却有着更为具体、更具针对性的指导作用。其中具有一定代表性的研究有：

2009，中国群众文化学会举办的"打造新时期群众文化品牌"全国群众文化年度论文评奖活动；2010 年，中国群众文化学会举办的"群文与创新"全国群众文化年度论文评奖活动；2011 年，中国群众文化学会举办的"推动免费开放，强化服务职能"全国群众文化年度论文评奖活动。近几年中国群众文化学会的论文评选活动都是以群众文化的实践与应用为主题展开的，活动参与者一般都为文化事业单位的专业干部和管理人员，选送论文也多与群众文化活动和公共文化服务具体工作相关联，具有直接的指导和借鉴功能。

此外，还有以省级文化部门或单位牵头的一些课题项目，如王全吉、周航等主编的《浙江改革开放 30 年群众文化实践研究》，包括浙江改革开放 30 年群众文化与时俱进的发展轨迹、群众文化建设基本成绩、群众文化发展的浙江经验、群众文化发展的民间活力、群众文化发展趋势与路径思考、群众文化创新案例等内容，记录了浙江群众文化 30 年探索创新的历程。个人编撰的实践性的思考，如戴珩编著的《公共文化服务体系 120 问》，融进了作者对公共文化服务体系建设的深入研究和思考，集中回答了当前公共文化服务体系建设重要的理论和实践问题。还有一些发表于国内期刊的、融入了工作实践思考的论文，如《浅论海岛公共文化服务体系建设存在的问题及对策》、《整合文化资源构建县级图书馆公共文化服务体系》、《浅析农村公共文化服务体系的重要性》、《浅述文化站如何探寻公共文化服务新路子》等一系列以创新实践为切入点和分析目标的理论文章。

这一类的研究成果从区域性群众文化的视角，紧密结合当下各自区域公共文化服务建设和创新的真实现况，深刻分析其形成背景、发展轨迹与存在问题，并致力寻求发展和创新的方法和对策，提出了与新形势需要相匹配的具体创新措施，以提高公共文化服务的质量和效率，具有较高的应用价值和借鉴作用。

　　以上三个层面及类型的研究成果多在公共文化服务的理论界定、内涵与要素、形成背景、发展模式、应对策略、建设内容与方法等方面进行了深入的阐释与探索,形成的研究成果对公共文化服务建设与发展起着巨大的影响与推动。但公共文化服务是一个探索与发展动态并进的领域,需要对其不断创新,方能与当下公众日益增长的文化需求相适应,与整个社会文化的发展方向相一致。本书的研究方向是公共文化服务创新研究,旨在通过对公共文化服务形成和发展的时代背景与历史轨迹的梳理,深入分析其创新类型与基本特征,从近年来公共文化服务的实践中总结其中具有创新意义的基本做法与经验,探讨公共文化服务发展及创新的可能趋势与方向。

第二章　浙江公共文化服务创新的动力

改革开放以来的 30 多年,是浙江现代化历史进程中具有重要影响的 30 多年。与在经济、政治领域发生了巨大变化一样,文化领域在这 30 多年中也发生了深刻的变化。30 多年来,随着中国经济社会发展由计划到市场、从封闭到开放的持续转型,浙江凭借丰厚的历史文化资源、省委省政府的高度重视,以及改革开放形成的经济先发优势,坚持社会主义先进文化的前进方向,始终重视精神文明的力量,文化建设不断由恢复走向发展和繁荣。在公共文化服务方面积极推出举措,努力开拓创新,效益日益凸显,走出了一条浙江公共文化服务的创新之路。创新的动力正是来自浙江省委省政府提出从"文化大省"到"文化强省"建设的政治动力,来自浙江经济持续快速发展的经济动力,来自社会不断进步、群众对文化迫切需求的社会动力,以及来自现代科技网络文化快速发展的科技动力。

一、政治动力:政府积极推动,政策引领创新

文化的力量,总是"润物细无声"地融入经济、政治、社会的力量中,成为经济发展的"助推器"、政治文明的"导航灯"、社会和谐的"黏合剂"。文化政策是指一定时代、一定的社会条件下,行政机构对文化领域问题所颁布的相关规定和对策原则。政策对一个国家文化的发展具有能动的主导作用;正确的政策对文化的发展可以起到主动推进和使其加速发展的作用;反之,错误的政策也可能阻碍和破坏文化的正常发展。浙江作为中国经济社会发展较快的省份,省委省政府始终高度重视文化建

设,自 1999 年提出建设文化大省以来,制定了一系列积极有效的文化政策。这些文化政策有力推进浙江文化建设,并引领浙江文化的发展与创新,包括文化发展形式和内容的创新、文化体制和机制的创新、文化传播手段的创新,并最终促进解放和发展文化生产力,使浙江的文化之河泛起大发展大繁荣的激越波涛。

在 2007 年浙江省第十二次党代会明确提出,坚定不移地走"创业富民,创新强省"之路。"两创"思路是改革开放以来浙江经验的总结,是浙江精神的集中体现,也是浙江实现科学发展、继续走在前列的客观要求。"两创"内涵丰富,其中包括"文化创新"。浙江的文化政策始终围绕"创新",引领全省文化建设。

1999 年 12 月,浙江省委十届三次全体(扩大)会议正式提出了"发展文化产业,建设文化大省"的目标。这是浙江首次明确提出建设文化大省战略目标并将发展文化产业作为建设文化大省的重要目标和突破口,不仅意味着文化产业概念在浙江被正式接受,也标志着浙江文化建设逐渐从自发阶段进入自觉阶段,早于全国其他省市。从此,浙江文化建设进入了以建设文化大省为目标的自觉谋划发展的新时期。2000 年7 月,中共浙江省委十届四次全体(扩大)会议召开。会议强调,要充分认识文化因素在经济社会发展中的重要推动作用。2000 年 12 月,中共浙江省委常委会通过了《浙江省建设文化大省纲要(2001—2020)》。纲要突破了仅仅单一地看到文化产品意识形态属性的传统思维模式,既认识到了文化产品的精神属性,也认识到了文化产品所具有的经济价值和商品属性。这标志着一种新的文化发展观已经开始形成,文化产业作为增量,拓展了浙江区域文化建设的内涵。

2001 年 5 月,浙江省政府根据国务院《关于支持文化事业发展若干经济政策的通知》等有关文件精神,出台了《关于建设文化大省若干文化经济政策的意见》,要求各级财政加大对文化事业的投入,加大文化设施建设,深化文化体制改革,推动文化产业发展,并鼓励社会各界积极参与文化建设。2002 年,浙江省省委、省政府召开全省文化工作会议,制定了《关于深化文化体制改革,加快文化产业发展的若干意见》;2002 年 6 月,省第十一次党代会召开,建设文化大省、发展文化经济作为一项战略性的重大举措被写入党代会报告。2003 年 6 月,浙江与广东两省被确定为全国文化体制改革综合试点省;7 月,初步拟定了全省文化体制改革综合试点总体方案和试点部门、试点城市的改革方案;8 月,《浙江省文化体制改革综合试点总体方案》上报中央并获批复,文化体制改革试点工作全面启动。2005 年 2 月,全省文化体制改革试点工作经验交流会召开,提出了《关于全面推进文化体制改革综合试点工作的若干意见》,并对 2005 年全省文化综合试点工作作出了部署。

2005 年 7 月,浙江省委召开了十一届八次全体(扩大)会议,通过了《关于加快建设文化大省的决定》,研究制定了加快文化大省建设的主要举措,对加快文化大省建设、增强浙江综合竞争软实力进行了全面的规划和部署。全会提出了"3＋8＋4"战略,即增强文化"三力"——增强先进文化的凝聚力、解放和发展文化生产力、提高公共文化服务能力;"八大工程"——文明素质工程、文化精品工程、文化研究工程、文化保护工程、文化产业促进工程、文化阵地工程、文化传播工程、文化人才工程;"四个强省"——教育强省、科技强省、卫生强省、体育强省。以此为契机,全省各级领导干部对加快文化大省建设的认识提高到了又一个新的高度,增强了自觉性和责任感,从而在全省范围内兴起了新一轮文化大省建设的热潮。① 值得一提的是,首次在省委省政府的高度明确提出"提高公共文化服务能力",以全新的角度诠释"公共文化服务体系",并要求各级在"建设文化大省"的高度建设和完善"公共文化服务",为在全省全面构建公共文化服务体系做出了突破性的开端。与此配套,省委宣传部、省发改委、省统计局组成的课题组,就加快文化大省的命题,制定出一套完整严密的刚性指标评价体系。对全省及 11 个市文化建设的现状量化统计,合理设置,公正评价,严格考评。

---

① 汪俊昌:《浙江文化建设 30 年的成就和启示》,选自《浙江蓝皮书 2009 年浙江发展报告·文化卷》。

　　浙江省委"建设文化大省"的政策,及时有效地促动了浙江各地各部门结合各自实际积极采取相应的文化建设举措。杭州市委提出,要在文化大省建设中发挥龙头、领跑、示范、带头作用,把加快文化名城建设与大力发展现代服务业、创建全国文明城市结合起来,并制定出台《关于推进文化名城建设的实施意见——"十一五"期间杭州文化名城建设纲要》、《关于推进杭州文化名城建设的政策意见》等文件。宁波市委通过了《中共宁波市委关于推进文化大市建设 加快社会事业发展的决定》,以建设先进文化为方向,增强文化综合竞争力,重点加强思想道德建设,不断增强先进文化凝聚力,繁荣发展文化事业,切实提高公共文化服务力,培育壮大文化产业,大力提升文化产业竞争力。温州出台了《关于加快文化大市建设的决定》,在加大财政对公共文化事业投入力度的同时,积极鼓励民间资本兴办文化事业,初步形成了政府投入为主、社会力量积极参与的公共文化建设投入机制。湖州市委通过了《中共湖州市委关于加快文化大市建设的决定》。嘉兴市委通过了《中共嘉兴市委关于加快建设文化大市 打造人文嘉兴的决定》,通过健全行政推动、多元投入、城乡互动、文化共享和文化激励等五大机制,着力构建公共文化服务体系,努力提高文化服务质量和水平,切实保障广大城乡居民享受精神文化生活的权益。绍兴市委研究部署文化强市建设工作,出台《深化文化体制改革,推进市直文化单位改制的若干政策意见》、《关于支持社会力量办文化,促进民营民办文化发展的若干政策意见》等文件。金华市委通过了《中共金华市委关于加快建设文化大市的决定》,强调加快文化强市、教育强市、科技强市、卫生强市和体育强市等"五个强市"建设。衢州市委提出实施文明素质工程、保护利用工程、文化下乡工程、文化实力工程、文化阵地工程、文化传播工程等六项重点工程,加快推进文化名市建设。舟山市委提出重点发展具有时代特征、舟山特色的海洋文化,打响"海洋文化名城"品牌。台州市委提出大力实施软实力战略,出台《中共台州市委关于加快建设文化大市的决定》和《加快文化产业发展的若干意见》,率先在全省提出推广"百分之一文化计划",在城市每个建设项目中拿出 1‰ 的投资额度用于文化建设。丽水市委审议通过《中共丽水市委关于加快绿谷文化建设的决定》。①

　　浙江文化政策与时俱进,积极创新。在党的十六届六中全会和十七大召开后,浙江省委高度重视,在 2008 年 6 月召开文化工作会议,全面研究部署深入贯彻落实党的十七大精神,兴起文化大省建设新高潮、推动浙江社会主义文化大发展大繁荣的工作,制定了《浙江推动文化大发展大繁荣纲要(2008—2012)》。提出着力建设社会主义核心价值体系、公共文化服务体系和文化产业发展体系等"三大体系",进一步加大公共文化服务体系建设的力度。2010 年 3 月,省委书记支持召开文化大省建设座谈会并作重要讲话,更加明确了加快文化大省建设的各项任务。8 月 10 日,省委、省政府发出《关于成立浙江省文化建设领导小组的通知》,成立了以省委书记为组长的浙江省文化建设领导小组,省委、省政府有关领导担任副组长,21 个职能部门负责人为成员,加强对全省文化工作的领导和组织协调。

　　紧接 2011 年 10 月党的十七届六中全会召开后,11 月中共浙江省委十二届十次全体(扩大)会议审议通过了《中共浙江省委关于认真贯彻党的十七届六中全会精神,大力推进文化强省建设的决定》,从时代要求与战略全局出发,以高度的文化自觉和文化自信,提出建设文化强省的总体思路。会议提出建设文化强省的总体思路,就是在巩固文化大省建设成果基础上,继续深入推进"三大体系"和"八项工程",提出"基本公共文化服务提升计划"等"十大计划"。同时,本次会议上明确了推进文化强省建设 6 个方面的主要任务,其中第三方面就是"着力构建公共文化服务体系",完善公共文化设施网络,增强公共文化服务能力,创新公共文化服务机制,加强现代传播能力建设,加强文化遗产传承和利用。以更高层次、更宽视野、更大力度,推动社会主义先进文化更加深入人心,推动社会主义精神文明和物质文明更加全面发展,推动全社会的文化创造

---

① 《文化春潮滚动:浙江各地抓紧实施文化大省战略》,《今日浙江》,2005 年 9 月 14 日。

活力更加迸发、社会文化生活更加丰富多彩,推动人民群众基本文化权益得到更好保障、人民思想道德素质和科学文化素质全面提高,把浙江建设成为人文精神高尚、文化事业繁荣、文化产业发达、文化氛围浓郁、文化形象鲜明的文化强省。到 2020 年,努力基本建成与浙江经济社会发展水平相适应的文化强省。

从 1999 年提出的"文化大省"建设到 2011 年 11 月提出建设"文化强省",10 多年来,在每个阶段不同文化政策的指引下,浙江文化建设已经逐渐形成了诸多有利条件和良好的发展态势。一是有共识。有了文化政策的统领,浙江全省上下对文化的认识不断深化,加快浙江文化建设越来越成为全省干部群众的高度共识,越来越成为各级党委、政府的自觉行动。二是有基础。经过 10 多年文化政策的积累与更新,浙江文化事业蓬勃发展,公共文化服务体系建设深入推进,文化体制改革不断深化,文化发展的宏观环境得到改善,文化事业和文化产业发展具备了坚实的基础。三是有条件。浙江经济快速发展,浙江又是全国文化体制改革综合试点省,在这样的条件下,浙江文化政策领先的效果更加凸显,使公共文化服务创新具备了先行先试的条件和实践基础。

二、经济动力:经济持续增长,发展促进创新

经济大发展,文化大繁荣,两者之间有着密不可分的内在联系和因果关系。如果把文化作为改造物质世界过程中的精神成果的总和,那么文化无疑是物质世界的派生物,是第二性的,是受物质世界发展支配、制约和决定的。在物质匮乏的状态下,很难谈到文化的发展繁荣;物质生产的发展虽然能够带来文化的发展,但未必形成文化的大发展大繁荣。只有经济腾飞,物质生活走向富裕,文化才可能大发展大繁荣。这几乎是一个带有历史规律性的现象。[①] 浙江经济发展是文化繁荣的基础,经

---

① 　张晓林:《从经济腾飞到文化崛起》,来源:人民网,2012 年 1 月 19 日。

济社会的快速发展必然要求文化的兴盛和繁荣,文化的繁荣也反哺浙江经济。早在宋代,浙江永康学派陈亮、永嘉学派叶适就提出了"义利并重"的思想。在遇到改革开放的雨露阳光后,这种传统文化与市场经济一拍即合,成为推动浙江市场经济改革的原动力。

在改革开放前及改革开放初期,浙江还处在脱贫致富、解决温饱问题阶段。在贫困的挤压下,人们忙于解决吃穿住行等生计问题,既无精力也无财力涉足精神世界的文化生活,文化的需求受到沉重压抑,文化的发展受到严重制约。经过30多年的努力,浙江锐意进取,务实创新,奋力拼搏,走出了一条具有浙江特色的发展路子,取得了令人瞩目的巨大成就,创造了"浙江奇迹"。经济发展了,物质条件得到改善,从摆脱贫困到全面奔小康,对社会文化建设的重视也与日俱增,并把文化大发展大繁荣作为当前的重大课题。

浙江民营经济发展迅速,成为浙江经济的又快又好发展的引擎,并且浙江民营资本已成为中国资本市场一股最引人瞩目的力量。截至2008年底,二、三产业资本中"个人所有"比重,全国平均为22.9%,江苏为29.9%,广东为18.9%,福建为30.6%,浙江高达53.5%。中国民营经济500强中,浙江的民营经济占了200强。浙江民营经济不断发展壮大,成为了浙江由资源小省变为经济大省的主体力量。统计显示,2011年浙江省民营经济总量预计达到19872亿元,占到全省地区生产总值的62.1%;限额以上投资8563亿元,占全省总量的59.9%;外贸出口1299亿美元,占到全省总量的60%。① 有了浙江民营经济的强大推动,在20世纪90年代中期,浙江已经成为主要经济指标方面位居全国前列的省份;进入21世纪后的浙江经济继续保持快速增长,主要经济指标逐渐走向全国前列。

---

① 来源:浙江工人日报网(2012年1月30日),作者:叶海。

1978 年与 2009 年浙江省主要经济指标变化情况

	1978 年	2009 年	平均增长率%	2009 全国排名
GDP 总量(亿元)	123	22832	13.1	4(次于广东、山东、江苏)
人均 GDP(亿元)	331	44335	11.8	4(次于上海、北京、天津)
城镇居民收入(元)	332	24611	8.1	3
农村居民收入(元)	165	10007	8.5	3
财政收入(亿元)	27	4122	17.0	4

从上表可以看到,浙江改革开放 30 年来各项经济指标递增速度快、幅度大。浙江经济的持续快速发展,为政治、文化、科技、教育等上层建筑的发展,打下了坚实的基础。2005 年,浙江省人均 GDP3382 美元,居全国省区第一位,成为全国各省区中首个人均 GDP 超 3000 美元的省份。"十一五"期间,浙江积极转变经济发展方式,"标本兼治、保稳促调",实现经济平稳较快增长,形成了"科学发展、和谐发展,统筹兼顾、协调发展,改革开放、创新驱动,民生为本、企业为基"的基本经验。2010 年全省生产总值达到 27100 亿元,人均生产总值 51800 元。截至 2011 年 12 月,拥有 5443 万常住人口的浙江省,人均地区生产总值预计将超过 58000 元人民币,约合 9000 美元。收入方面,浙江省城镇居民人均可支配收入预计达 30900 元人民币左右,农村居民人均纯收入 12900 元人民币左右,两者扣除价格因素实际分别增长 7%和 9%。预计在"十二五"开局之年,浙江省生产总值 31800 亿元人民币,增长 9%以上。①

当今时代已经进入知识经济或者信息时代,文化产业如火如荼,形成引领未来的新兴战略性经济支点。文化产业既是文化软实力,更是经济硬实力,文化产业的大发展,越来越会成为一个区域、一个国家经济实力的重要支撑。进入 21 世纪以来,浙江文化产业呈现蓬勃发展的良好

---

① 《民营经济大省浙江生产总值预计突破 3 万亿元》,来源:新华社,2012 年 01 月 30 日。

态势,一些重点产业继续保持在全国的领先优势,成为全省经济发展的新亮点,也为公共文化服务的创新提供了有力的经济支撑。2005 年至 2008 年,浙江文化产业总量分别实现增加值 442.24 亿元、501.72 亿元、595.93 亿元、735.44 亿元,分别比上年度增长 17.1%、13.4%、18.8%、23.4%,增幅都远超 GDP 增幅,文化产业发展处于较快增长区间。2009 年浙江文化产业实现增加值 807.96 亿元,占 GDP 的比重为 3.5%。2010 年浙江文化产业继续保持较快增长的势头,增加值接近 1000 亿。2011 年上半年,浙江全省文化产业增加值增速高于 GDP 增幅 6.5 个百分点,全省 500 万元以上的文化产业项目累计完成投资 510.75 亿元,新开工项目 802 个,其中投资 1 亿元以上的 390 个。1—7 月份,全省文化产品出口 7.7 亿美元、同比增长 17.4%。经过近年来的发展,浙江文化产业上了一个大的台阶,增加值总量进入了全国千亿级行列,文化产业投资集聚和生成的项目,能量正在逐步释放,这些都为浙江省文化产业加快发展奠定了坚实的基础。[①] 浙江在新闻出版、影视服务、数字内容与动漫、文化旅游等文化产业的优势领域日益凸显,数字电视、数字动漫、数字出版等新兴文化产业迅速崛起,民营文化产业异军突起,文化产业集聚度等优势,极大地促进和推动了文化产业的快速发展,并呈现出较好的发展态势。

浙江经济快速发展,人民生活实现了由温饱向小康的历史性跨越,城乡面貌发生巨大变化,社会全面进步,成功地走过了发达国家或地区几十年乃至上百年才完成的发展历程,从全国的中游走到了前列,成为中国经济增长最快、发展活力最强的省份之一。[②] 人民生活显著改善,社会事业全面进步,基本公共服务均等化步伐加快,城乡居民收入居全国各省区首位。全省经济社会逐步转入科学发展、和谐发展的轨道,全面小康实现水平达到 90% 以上。

---

① 《孙守刚在全省文化产业发展座谈会上的讲话》,来源:浙江在线新闻网站,2011 年 10 月 15 日。

② 中国社会科学院浙江经验与中国发展研究课题组,来源:浙江在线,2007 年 04 月 11 日。

　　经济为浙江的文化建设插上了腾飞的翅膀。从 1999 年提出建设文化大省至今,浙江历届省委不断探寻浙江经济和文化之间的必然联系,走出了一条文化推动经济发展,经济反哺文化繁荣,文化再促经济转型升级的良性循环发展之路。为贯彻落实中央的文化建设精神,把"文化大省"建设的规划落到实处,浙江省充分发挥公共财政的主导作用,不断加大公共财政对公共文化服务的投入,强化政策保障,全面建设城乡文化。"十五"期间,浙江省省级财政对文化事业单位累计投入 27.75 亿元。全省新建文化设施项目 1100 多个,总投资达 213 亿元。2000—2004 年,省级文化事业建设费支出 1.26 亿元,年均增长 13.26%;宣传文化发展专项资金支出 5.56 亿元,年均增长 7.06%。2001—2005 年,省财政安排专项资金 5 亿元,用于浙江美术馆、科技馆和自然博物馆建设;每年安排文化事业专项补助经费 5000 万元用于基层文化建设、民族民间艺术保护和扶持文化产业发展等;文物保护专项补助经费 2001 年 490 万元,2004 年增加到 1500 万元;广播电视"村村通"已累计安排专项经费 3400 万元,全省共投入 3.2 亿元,消灭广播电视盲点自然村 13030 个。

　　"十一五"以来,全省各级财政对公共文化服务的投入大幅增长。2006 年全省各级财政对文化的投入总额为 17.26 亿元(不包含基本建设投入),位居全国第二;2007 年首次突破 20 亿元大关;2008 年则超过了 26 亿元;2009 年达到 32.28 亿元;2010 年达到 37.25 亿元;年均递增 23%。尤其是农村文化投入增幅明显,仅省财政每年通过转移支付用于农村文化建设的投入从"十五"期间的 1500 万元猛增到 1.58 亿元。2006 年到 2009 年,全省农村文化事业费年均递增 22.76%,增幅连续 8 年列全国首位。从 2010 年起,省财政每年安排 900 万元专项资金,对欠发达地区有线广播"村村响"工程运行维护给予补助。同时,全省各地也都相应设立了农村文化建设专项资金。强有力的资金投入,不仅推动了一大批高档次、多功能大型公益性文化设施建设,而且为基层公共文化设施建设提供了充分保障。

三、社会动力:传统走向当代,需求激发创新

(一)从传统文化的创新精神到文化建设的全面崛起

浙江传统文化的特性为浙江的经济、文化发展与创新带来了内在推动力量。远在六七千年前的新石器时代,浙江就有了河姆渡文化和良渚文化;春秋战国时期,吴越文化独具异彩;自唐宋以来,随着我国的经济政治中心从黄河流域转向江南,文化中心也随之移向吴越,其间经历了吴越文化和中原文化的三次大融合。千百年来,浙江多姿多彩的人文环境和生产生活方式、历史上的多次人口迁徙和文化交融,不仅创造了浙江文明发展史上灿烂的文化成就,孕育了浙江丰富多彩的历史文化与学术思想,而且培育了极富于创造力和生命力的浙江人文精神,造就了浙江传统历史文化具有开放性、包容性及与时俱进的特点,形成了具有内在的创新冒险精神的浙江文化。创新冒险精神是浙江文化最显著的特征,巨大的生机和创造力是其文化的生命能量。浙江人讲求实际、注重功利的价值取向,构成了浙江人致力于经济发展的内在动力;自主创新、敢为天下先的思维品格,构成了浙江人在经济改革中致力于制度创新,实现体制外增长的精神动力。[①] 改革开放后,浙江成为制度创新的先发地区,在每一个新的历史时期都会产生新的创新,接连不断,始终走在全国的前列。可见,浙江传统文化,通过对本区域人们的长期熏陶和潜移默化,积淀了一批具有创新开放意识的高素质人群,他们不仅推进了浙江区域经济的成功转型,也带动了浙江文化建设的创新与发展。浙江公共文化服务的创新,与浙江传统文化的特性密不可分,其创新精神的生成正源自浙江传统文化。

如果说浙江传统文化的精神引发了浙江公共文化服务的创新,那么

---

① 张佑林:《浙江传统文化与"浙江模式"的形成》,来源:新华网浙江频道。

改革开放以来浙江的社会进步和文化发展,是公共文化服务创新的必要前提。改革开放30年来,浙江文化建设分以下三个历程:精神文明建设语境中文化的复苏型发展(1978—1991年)。这段时期里党和国家积极改进了对文化事业的领导,在探索中制定、调整和发展文化工作的方针政策,浙江省也开始研究文化发展政策。经济体制转换进程中文化的探索性发展(1992—1998年)。这一时期浙江的文化工作在逐步实现由适应社会主义计划经济体制向适应社会主义市场经济体制的转变中不断探索发展,文化在经济社会发展中的地位日益突出,文化发展战略意识大大增强。文化大省战略实施中文化的创新型发展(1999—2008年)。从1999年以来的这一时期,浙江文化工作以连续一系列建设文化大省的战略部署,不断地在改革创新中推进着文化的发展,包括提出"发展文化产业,建设文化大省"的战略目标、率先进行文化体制改革、加快推进文化大省建设,以及深入实施"创业富民、创新强省"总战略,全面部署兴起文化大省建设新高潮、推动浙江文化大发展大繁荣战略等重要举措。[①]2011年11月,浙江进入全面建设文化强省阶段。

(二)从"以文养文"的发展思路到"以文化人"的理念创新

随同浙江公益性文化事业的发展,经历了三个阶段:从计划到市场的阶段。20世纪80年代初以来,在国家政策鼓励下,全省各地文化事业单位尝试各种改革方式,采取"经济承包责任制"、"以文养文"、"多业助文"等做法。在经济压力下,各地图书馆、文化馆、博物馆等提供公共文化服务的事业单位,通过出租房屋、举办各类商业展览等来增加收入。这一时期,人们对文化产品和服务的公共提供与市场提供的边界、公益性文化事业职能等的认识仍然相当模糊,市场经济条件下公共文化事业的重构仍然处于一种自发的状态。从"文化事业"到"公益性文化事业"阶段。从省到各市都逐步明确"应把公共图书馆、群众艺术(文化)馆、博

---

① 汪俊昌:《浙江文化建设30年的成就和启示》,选自《浙江蓝皮书2009年浙江发展报告·文化卷》。

物馆、纪念馆、文物保护考古馆(所)等确定为公益性事业单位,以社会效益第一,服务于公共文化事业,服务于人民群众",并在政策中提出要"加大公共财政对公益性文化事业的投入"。从"公益性文化事业单位"到"公共文化服务体系建设"阶段。从世纪之交萌生了"公共文化服务"的理念,到 2005 年第一次明确用"社会公共服务"、"公共文化服务体系"等新的关键词来建构有关"公益性文化事业"的叙述框架。[①]《浙江推动文化大发展大繁荣纲要(2008—2012)》中,详细地阐述了"创新公共文化服务方式"的内涵和途径,提出要通过政府采购、项目补贴等方式,提高重要公共文化产品、重大公共文化服务项目和公益性文化活动的服务效益。加大向基层特别是低收入和特殊群体提供免费文化服务的力度,扩大重点党报党刊免费配送农村的范围。发挥浙江民营经济的优势,积极引导社会力量以兴办文化俱乐部、赞助活动、免费提供设施等多种形式参与公共文化服务。支持民办公益性文化机构的发展,鼓励民间开办博物馆、图书馆等,促进公共文化服务方式的多元化、社会化。可以说,在这份省委政策文件中,"免费"、"低收费"、"政府主导"、"社会参与"、"市场化运作"等原则得到了充分体现,以全新理念和全新方式建设浙江公共文化服务体系的思路,已经得到了相当完整的呈现。

(三)从群众的迫切需求到基础建设的全面推进

改革开放初期,文化建设落后,城乡差异大,政府所能提供的公共文化服务往往侧重于城市居民,而对基层农村的文化服务十分有限。随着经济社会发展,群众生活水平提高,精神文化生活需求越来越强烈,文化权益的意识也逐渐增强,此外,群众自办文化、业余文艺团体、民间剧团等文化组织(现象)的大量涌现,蓬勃发展。针对这些需求,浙江省文化厅把文化建设的目光投向农村,文化政策向农村倾斜,越来越把全省公共文化服务放在突出地位,基层文化建设异军突起。从 1994 年开始开展"浙江省文化先进县"、"浙江省东海明珠工程"创建活动,1998 年开始

[①] 《从传统"文化事业"到"公共文化服务体系"——浙江重构公共文化发展模式的过程》。

实施电影"2131"工程,2002 年开始实施文化信息资源共享工程,2006 年开展浙江省文化示范村(社区)的创建活动,鼓励各地强化基层文化服务。2007 年召开了全省农村文化工作会议,出台了《关于进一步加强农村文化建设的意见》,推出了"浙江省新农村文化建设十项工程"(新农村文化基础设施建设工程、广播电视"村村通"工程、文化信息资源共享工程、文化遗产保护工程、农民体育健身工程、农村电影放映"2131"工程、送戏送书工程、新农村文化活动繁荣工程、新农村文化队伍素质提升工程、新农村文化示范户创建工程)。

　　"十一五"期间,是浙江省历史上文化基础设施建设力度最大、建成设施最多的一个时期,11 个设区市 90 个县(区、市)共建成县级以上文化广场、文化中心近 300 个。西湖文化广场、浙江美术馆、浙江科技馆、浙江博物馆新馆、杭州大剧院、宁波大剧院、温州大剧院、湖州大剧院等一批上规模上档次的现代化大型文化设施相继建成,构建了公共文化设施的主体框架。全省城市中每 10 万人拥有公共文化服务机构数达 0.95 个,全省共有全国文化先进县 27 个,省级文化先进县 42 个,"浙江东海文化明珠"乡镇 545 个,省级文化示范村(社区)431 个。全省已建和在建县级以上文化广场、文化中心 300 余个。县级图书馆、县级文化馆、乡镇综合文化站基本实现全覆盖,村级文化活动室的覆盖率达到 85%。"文化信息资源共享工程"覆盖农村,基层服务站点达 4 万余个,其中乡镇覆盖率达 100%,村覆盖率 98.5%,建成"职工电子书屋"6000 余家,拥有教学辅导、组织管理和技术服务三支骨干队伍 5 万余人,已经基本上形成了优势互补,错位发展、优化配置、布局合理的城乡区域公共文化服务体系一体化格局,广大群众的文化生活得以明显改善。

(四)从文化消费的日益递增到服务内涵的不断更新

　　加强公共文化体系建设的出发点是满足群众的文化需求,与之呼应,群众真正需求精神文化生活是公共文化服务体系建设的内在动力。根据国际经验,人均 GDP 超过 3000 美元以后,人们的物质消费需求增长将逐步趋缓,精神文化消费需求逐步占据主导位置。在新的时期,浙江人民群众出现了对文化消费需求和文化创造力的"双重觉醒"。一方面,物质产品的较大丰富,人民群众产生了不断升级的文化消费需求。据《浙江蓝皮书 2012 浙江发展报告》分析,按 2010 年浙江省城乡居民文化消费约为 1035 亿元、"十一五"期间年均增长 9.2% 估测,2012 年全省文化消费总量将超出 1200 亿元,带来巨大消费空间和市场。另一方面,由于制度环境的变化,消费需求的日益多样化,文化产品和服务的生产与提供方式发生了很大的变化,在人民群众中间激发出普遍的文化创造和文化表达冲动。从长期以来精心设计为基层"送"文化,到 2007 年推出在希望的田野上"种"文化,再到当前群众鼓足干劲"建"文化。"送文化"、"种文化"为丰富改善基层农村文化生活创造了良好的条件。"送文化"、"种文化"都是来自上级的关心、是外界提供;"建文化"则是基层自建,是长期的、发展的,内涵更丰富,更具生命力。[1]

浙江通过全面推行公共场馆免费开放、增大公共文化产品的供给、培育基层文化队伍等多种措施,不断在公共文化服务的内容、形式等多方面进行创新,以满足广大群众文化消费需求。2004 年,以浙江省博物馆为试点,浙江率先在全国试行国办博物馆面向社会常年免费开放。当年总参观人数达到 105.6 万次,是免费开放前人流量的 5 倍,也引起了全国博物馆界的大讨论,之后博物馆免费开放逐渐在全国推开。目前,浙江省免费开放的博物馆纪念馆总数达 92 家,已经实现了国家规定范围内的博物馆纪念馆全部开放。2011 年 2 月,国家文化部、财政部联合下发《关于推进全国美术馆公共图书馆文化馆(站)免费开放工作的意见》之后,浙江各地公共文化场馆免费开放全面推开,并及时转变理念,不断创新方式,为提升全省公共文化服务水平又迈出了坚实的一步。在免费开放中,采取树立"以人为本"的理念、建立绩效导向、推行包容性开放、可持续开放等做法,使免费开放发挥出最大的公共文化服务效应。

---

① 韩颖龙:《由"送文化"、"种文化"到"建文化"》,《浙江日报》(人文理论视野),2011 年 11 月 28 日。

　　在做好免费开放的同时,还采取多种途径积极创造各类文化产品,广大文化工作者坚持"二为"方向和"双百"方针,使浙江创作的文化精品力作,带着鲜明的时代特色和浓郁的生活气息,思想性、创造性、艺术性、观赏性兼具,多方位满足群众需求。"十一五"期间,全省累计送 9.1 万场演出、110 万场电影和 1015 万册到农村。2005 年 7 月,浙江省文艺系统成立了"钱江浪花"艺术团,组织省级专业院团的优秀演员和优秀剧目,开展常年深入农村基层的免费演出,年均演出场次超 200 场,目前已经形成了服务农村的文化品牌,深受农民欢迎,还得到中宣部和文化部的表彰。在政府向农村配送文化资源,共建共享城乡文化成果的同时,积极培育基层文化队伍。从 2008 年起,在"送文化"以外,浙江又启动了"千镇万村种文化"活动,针对农村文体队伍现状和农民文体需求实际,因地制宜、分层分类对农村文体骨干进行培训辅导。要让农民成为文化的"主角",而非简单的"送戏下乡"的观众,不但要让农民成为文化产品的享受者,也要成为文化产品的生产者,通过自我创造、自我展示,达到自我价值的实现。据统计,"十一五"全省省、市、县三级文化部门累计培训基层文化干部、业余文艺骨干、村级文化管理员超过 11 万人次。省财政每年安排 500 万元专项用于农村文化队伍素质提升工程,保障各级培训工作顺利开展。全省乡村(社区)共有文化活动团队 26652 支,2010年度开展活动 585585 场次。①

四、科技动力:现代科技呈现,网络推动创新

　　从社会发展的角度看,公共文化需求实际上动态的,与之相应,公共文化服务的内涵和方式、手段等也必须随着公共文化服务的需求的变化而调整。② 当前,以数字化、网络化为代表的现代信息技术突飞猛进,并

---

① 《浙江建公共文化服务体系:早投入重基层抓人才》,来源:新华网,2010-07-07。
② 刘悦笛主编:《公共文化服务的"嘉兴模式"》,社会科学文献出版社,2012 年,第 35 页。

实现了与文化的完美结合,极大地增强了文化的表现力、创造力和传播力,由此也极大地拓宽了公共文化服务的平台。浙江在经济社会快速发展的同时,现代信息技术也迅猛发展,以网络技术、数字技术、光电子技术、通信技术等为代表的现代信息技术正在文化领域发挥着越来越重要的作用。

(一)用好互联网资源优势

浙江是互联网大省,不论从网民数量、网络应用还是网络基础建设上,都在中国位居前列。据《2008年浙江互联网发展研究报告》显示,截至2008年12月,在美国、香港和沪深A股上市的互联网公司一共24家,其中创始人为浙江籍的有6家;在市场价值前10名中,浙江籍企业家占4家。24家互联网公司市场价值总和343.96亿美元,其中浙江籍创始人的价值103.87亿美元,比例高达30.2%,基本形成三分天下有其一的格局。中小企业电子商务应用在全国领先,截至2007年底,浙江就有40.6%的中小企业拥有自己的网站,40.1%拥有独立域名,10.8%已开展电子商务,远高于全国5%的平均水平。另据来自中国新闻网的一篇文章《浙江网民活跃度居全国第三 微博成政府办公新工具》报道,2011年浙江网民的活跃度居全国第三,仅新浪网一家网站在浙江的覆盖量就达2180万人,相当于该省人口的1/2,而且人均每个月浏览该网的时间达90分钟。其中56%的浙江网民学历都在大学本科以上,51%的网民个人月收入超过3000元。由于浙江网民人数多、长时间、高学历和高收入等特点,新浪于2011年9月在浙江建立了"新浪浙江网站"。①

浙江抓住互联网优势,充分发挥网络媒体的独特作用,大力倡导各地、各部门加强网络文化功能开发,开通网络服务平台,以适应信息化、数字化、网络化发展要求。2008年11—12月,浙江省委常委整体集中亮相,在浙江在线与网民交流,成了全国之先的一道亮丽风景线。各级

① 汪恩民:《浙江网民活跃度居全国第三 微博成政府办公新工具》,来源:中国新闻网,2011年9月7日。

党委和政府逐步形成了善待善用网络的共识,各级文化部门纷纷创建内容丰富、功能齐全、充满个性的文化网站,全力建设网络环境下公共文化服务新平台,不断拓展公共文化服务空间,为广大群众提供便利、优质、高效的公共文化服务。充分利用互联网容量巨大、资源丰富、传输快捷和交互性强、覆盖面广、形式多元等优势,对各类信息的交流与传播都有根本性跨越。网络文化的可复制性和资源共享性,又使公共文化服务的基本模式发生转型和提升。此外,网络文化的虚拟功能使公共文化服务更富于活力和创新。在网络虚拟功能的支撑下,可以设置多种多样的公共文化服务,使服务的内容更为逼真,形式更为活跃,吸引力更强,感染力更大。

(二)充分发挥数字图书馆作用

2009 年 5 月,"浙江网络图书馆"正式开通。包涵 1.7 亿条中外文献信息、260 万种图书书目信息、6 亿页全文内容检索、1 万多种电子期刊和 2000 余万篇论文原文传递或全文下载,以及 2 万多部视频和众多地方特色数据库。整合了浙江全省公共图书馆传统文献、数字资源的网上图书馆,为读者提供全文浏览和下载、馆际互借等"一站式"信息服务。为给读者提供全面高效优质服务,浙江网络图书馆还推出了 5 种服务手段,分别是"查"、"读"、"传"、"借"、"询"。2009 年 6 月 18 日,2009 区域数字图书馆发展论坛在杭州举行。浙江网络图书馆的开通就是浙江把文化共享工程建设与数字图书馆建设紧密结合所开展的积极探索,也是把公共图书馆建设与文化共享工程建设紧密结合起来的探索成果。近年来,全省各级文化部门为区域数字图书馆的发展作出了不懈的努力。杭州、嘉兴、宁波、温州、湖州等地都实现了"一证通"或"一卡通",市、县图书馆之间的网络互联,完善了区域图书馆服务网络,为区域内图书的通借通还、各类资源的调度与共享打下了基础。浙江网络图书馆更是将全省公共图书馆的数字资源有效整合在一起,形成了一个全省性的数字图书馆系统。它的开通,是浙江省公共图书馆共同走向数字化、信息化所迈出的坚实一步,将有望实现全省公共图书馆"一网通",使全省的94家公共图书馆,克服因地区经济社会发展水平的差异而造成的图书馆服务能力和水平的不平衡,实现各馆传统文献和数字资源的有效整合,提升整体服务能力与水平,让广大读者普遍均等地享受到图书馆的服务。[①] 2012年1月,浙江网络图书馆手机版开通试运行,凭浙江图书馆的读者证号以及浙江网络图书馆的授权账号即可登录。浙江网络图书馆及其手机版的开通,在很大程度上弥补了图书馆的馆藏,使传统的纸质型文献图书馆过渡到现代的纸质型和数字型文献混合的图书馆不仅是图书馆服务功能的一次全面提升,也是浙江省公共文化服务创新的一个突破。

(三)公共电子阅览室建设成效显著

作为全国公共电子阅览室建设试点省份之一,浙江省文化厅高度重视此项工作,下发了《关于开展"公共电子阅览室建设计划"试点工作的通知》,确定了嘉兴市和杭州市桐庐县作为浙江省试点地区。随后,两个试点地区先后下发了《嘉兴市加强公共电子阅览室建设实施意见》和《桐庐县加强公共电子阅览室建设和管理实施意见》。2011年3月,浙江省文化厅又印发了《关于加强公共电子阅览室建设的实施意见》,在全省部署开展公共电子阅览室建设与管理工作。"十二五"期间,浙江省财政对文化共享工程专项资金给予倾斜,每年安排380万元用于资源建设,目前已采购了读秀知识库、超星数字图书馆、万方数据、维普中文科技期刊、龙源人文电子期刊、央视教育视频库等资源库。

浙江省公共电子阅览室建设与城乡一体化公共图书馆服务体系建设有机结合,将公共电子阅览室建设纳入全省公共文化服务体系建设的整体框架中,建立省、市、县、乡镇(街道)、村(社区)五级服务网络,建成一批配置标准、内涵丰富、服务规范的公共电子阅览室,取得了明显成效。截至目前,全省依托各级公共图书馆、文化馆、文化共享工程基层服

---

① 《浙江开通"网络图书馆"》,来源:人民网,2009-05-27。

务点,已建成公共电子阅览室 1000 余家,其中共享工程省级分中心公共电子阅览室 1 个、市级支中心公共电子阅览室 11 个、县级支中心公共电子阅览室 81 个,试点地区乡镇实现全覆盖。为了推动全省文化共享工程各级分支中心的门户网站建设,促进数字资源的有效利用,浙江省 2010 年组织开展了浙江省文化共享工程(公共图书馆)"十佳网站"的评选工作。评选活动开展以来,全省 96 个分支中心有 79 家建成门户网站,建成率达 82% 以上。2009 年 5 月至 2011 年 8 月,浙江网络图书馆浏览次数达 1419 余万次,电子期刊阅读下载 1100 余万篇,电子图书阅读 18 余万册,电子文献传递 22 万余次。① 公共电子阅览室受众面广,信息量大,是浙江省公共文化服务创新中不可或缺的一个有效载体。

(四)数字电视与数字电影快速发展

数字、网络等信息技术的迅猛发展,也深刻改变了广播影视的技术基础,广播电视数字化进程明显加快,传播能力、覆盖水平、服务质量大大提高。2003 年,杭州成为国家广电总局有线数字电视整体转换的试点城市,并由华数数字电视传媒集团有限公司承担杭州市有线数字电视整体转换。华数在杭州建立了全国领先的有线数字电视网络,开创了有线数字电视的"杭州模式"。此后几年里,数字电视在浙江各地迅速铺开,成为是各类公共文化服务职能中受众面最广、影响力最大的一种服务项目,承担着重要的社会服务功能。所以,数字电视是提升社会公共文化服务体系水平的一场电视传播技术革命。

作为满足人民群众精神文化生活的重要载体,电影在公共文化服务中的作用不断增强。浙江省是全国农村电影改革发展暨数字化放映综合试点省份之一。目前,浙江省农村电影改革发展试点专项资金为每年 2000 万元,全省 11 个市均已完成农村数字电影院线公司的组建工作,院线内农村数字电影放映队共有 810 支。农村电影数字化放映在全省不断推进,从 2006 年不到 50% 提高到 2010 年 100%,极大地改善了放

---

① 《浙江:建设网络环境下公共文化服务新平台》.来源:《中国文化报》,2011-09-29。

映质量。放映数量也持续上升,2009 年全省共完成农村电影放映 25 万场,比省政府下达的任务增加了 66.7%,2010 年共放映 28.98 万场,五年间累计为 21914 个中心村放映农村公益电影 111.28 万场,达到了一村一月放映一场电影的目标,大大丰富了群众文化生活。

(五)演出舞台运用高科技

随着电子技术、计算机技术、光学技术、视频技术的发展,人们对文艺演出艺术效果要求越来越高,不再停留在有灯光点亮、能看清楚演员表情就可以了,现代人要求舞台要有绚丽多彩的灯光。如今 LED 灯光、LED 彩幕和 LED 全彩显示屏因其强大的功能在现代舞台演出中得到了广泛的应用,满足现代人们对舞台艺术的审美需求。浙江早在 1971 年就创建了浙江舞台设计研究院,是我国最早建立、综合实力最强的舞台技术研究机构。《艺术科技》杂志多次专题撰写浙江舞台设计研究院,在 2004 年第 4 期中被称为"舞台技术第一所";1996 年第 4 期有一篇题目为《调光设备全面达到国际先进水平——浙江舞台电子技术研究所系列报道之二》的文章,写到"在第 43 届世界乒乓球锦标赛整个场馆中为数不多的国产设备:由浙江舞台电子技术研究所研制的计算机灯光控制设备","大大加深了组委会对浙江舞台所设备的先进性的认识"。运用高科技的舞台艺术,浙江始终走在全国前列,据省文化部门业内人士回忆,LED 显示屏应用在浙江的文艺晚会上至少 10 年以上,从 2005 年起在全省各地全面铺开,大大增强了舞台效果,深受广大群众欢迎。将现代科技运用到舞台艺术中,给群众带来了前所未有的视觉享受,让他们更加有滋有味地享受文化大餐,享受当代公共文化服务在不断创新中带来的乐趣。

第三章　浙江公共文化服务创新的发展历程

　　把浙江公共文化服务创新置于现代化进程的背景之中,不难发现,它的发展历程,是一部伴随着浙江改革开放历史进程不断加强、改进、创新和突破的历史,是一个不断适应、调整、发展的过程,也是一个不断探索、实践、提升的过程。

　　30多年来,浙江的公共文化服务经历了从小到大、从弱到强的发展过程,摸索出了一条与社会主义市场经济体制和浙江经济社会发展水平相适应的文化发展道路,实现了从传统文化事业到新型公共文化服务体系的历史性转变。期间,在以全新的理念、全新的方式推进公共文化服务体系建设的实践中,浙江以"筚路褴褛、以启山林"的首创精神开拓了一条条别具一格的创新发展道路,与经济发展一样创造了许许多多浙江经验。我们从中可以发现许多富有启示性的特征和经验,这对于进一步兴起浙江文化强省建设新高潮、推动文化强国建设具有重要的意义。

　　在浙江公共文化服务创新的发展历程中,有一个标志性的文化事件,那就是"建设文化大省"的提出。早在1999年,浙江省委就提出了建设文化大省的目标,2005年,又作出了《关于加快建设文化大省的决定》。本着这一逻辑,我们以"文化大省"战略实施发展的过程为时间界限,大致可以把改革开放以来浙江公共文化服务创新的发展历程分为三个时期:

一、以"以文补文"为特征的调整探索阶段：
1978—1998 年

　　1978 年既是中国改革开放伟大历程的起点,也是文化领域工作跨入一个崭新阶段的重要标志。党的十一届三中全会后,党所领导的文化建设进入了生机盎然的恢复调整期。1992 年小平同志南方讲话发表和党的十四大的召开,更是标志着我国改革开放和经济建设进入了一个新时期,同时也标志着文化工作迈入又一个新的发展阶段,打破了在计划经济时代建立的相对简单、平均主义和国家包办(配给制)的公共服务体系。深化改革,扩大开放,发展社会主义市场经济,既为文化发展奠定了基础、注入了活力,同时也促进了文化自身的体制改革。在这一阶段,社会成员对政府提供的生活条件和公共服务的期望明显提高,文化在经济社会发展中的地位日益突出,文化发展的战略意识大大增强。作为市场经济先发省份的浙江,在新时期文化工作实践中,着力制定、调整和发展开展文化工作的方针政策,开始自发地探索发现适合市场经济框架下浙江经济和社会实际的文化事业发展新思路、新模式。

　　这一阶段浙江文化机构得到全面恢复。经过"文化大革命"的洗劫,浙江文化破坏严重,几乎是一穷二白。在改革开放的最初几年,浙江的文化事业也在恢复中发展。1978 年,全国各地开始试办农村文化站,浙江省群众艺术馆、各地市级群众艺术馆、县级文化馆和乡镇文化站也相继恢复建立。到年底,全省共有乡镇文化站 1049 个、文化馆 76 个、公共图书馆 63 个、博物馆 19 个①。为规范和推动文化馆、站建设,浙江先后推出了两项重要的创新举措。一是 1979 年 10 月 16 日,浙江省文化局颁发了《浙江省文化馆工作试行条例》和《浙江省公社文化站工作试行条

---

　　① 陈一新、徐志宏等著:《浙江改革开放 30 年辉煌成就与未来思路》.浙江人民出版社,2008 年。

例》,将文化馆、文化站确定为全民所有制文化事业单位,同时对工作任务、服务对象、干部、经费等作了具体的规定,成为全国最早启动文化站建设的省份之一。而文化部《文化馆工作试行条例》、《文化站工作试行条例》的出台,则是两年后的 1981 年 7 月 10 日。此后,浙江文化事业出现了真正意义上的复苏与持续繁荣。1985 年底,浙江完成从省、地区、县、乡镇四级文化机构网络的布局。群众文化机构的全面恢复、基本普及,文化站干部编制落实、人员转干,奠定了浙江群众文化发展繁荣的基础。资料显示:1981 年至 1984 年,浙江省连续四年抓文化站发展,抓农村文化中心的试点和推广,取得了显著成效。到 1987 年,全省乡镇文化站 3526 个、文化馆 93 个、公共图书馆 80 个、博物馆 40 个,率先在全国实现"乡乡都有文化站"[①]。二是浙江省于 1989 年在全国率先开展"文化馆、文化站考评定级活动",这对全省基层文化设施建设起到了显著的促进作用。当年,79 个文化站被评为特级文化站,2 个文化馆被评为特级文化馆,33 个文化馆被评为一级文化馆。从数据看,1978 年到 1998 年这段时间,是浙江省公益性文化单位数量扩张最快的时期。群艺馆、文化馆、文化站这些基础性群众文化机构的建立,在浙江社会公共文化生活中发挥了重要的作用,不同程度地缓解了当时城乡群众物质生活改善之后对精神文化的需求。

这一阶段群众文化生活开始逐渐活跃。在 80 年代初期,文化活动的组织模式往往是"政府办文化",社会总供给严重不足,政府所能提供的公共文化服务往往侧重于城市居民,而对基层农村的文化服务一般局限于为数不多的简单的送文化下乡活动,无法实现社会成员广泛的文化享有和文化服务。80 年代中后期,随着浙江城乡人民生活水平的提高,群众文化生活开始逐渐活跃。1984 年 2 月,杭州市文学艺术工作者第二次代表大会召开,会议宣布了加强文艺工作的 10 项措施,其中就包括着手建设杭州市文化中心,逐步增加其他各种文化设施;把省文化会堂

---

① 浙江省文化厅:《浙江文化改革开放 30 年成就经验和新世纪新阶段深化改革开放思路》,载林吕建主编:《浙江蓝皮书 2009 年浙江发展报告·文化卷》,杭州出版社,2009 年。

办成真正名副其实的文化会堂;整顿和加强市级专业文艺团体,努力提高政治、业务素质等。这些措施对于当时的浙江乃至全国来说,产生了一石激起千层浪的反响。文化部《文化艺术报》头版头条以《西子湖畔别有洞天》为题,详细报道和称赞了杭州市的创举和魄力。随之,各地也纷纷重视文化建设,群众文化活动的广度和深度不断扩展,文艺会演、灯会、民间文艺表演和各种展览普遍开展。春节、元宵等节庆文化活动在城乡呈现火爆的场面。原先在"文化大革命"中作为"四旧"的民间庙会等民俗文化活动开始复兴,以之为载体的民族民间艺术出现在节庆活动中,如青田的"打过殿"等民间传统游艺习俗、嘉兴郊区的刘王庙会等。从当前来看,当时民俗文化活动的恢复开展,对进入新世纪后大规模开展的非物质文化遗产普查与保护工作具有十分重要的意义,在当时还是具有前瞻性目光的。1984 年,浙江仅群众文艺业余组织全年演出达10.18 万场,其中 95% 在农村,许多地方的艺术馆、文化馆、文化站配合形势和其他活动,举办各种展览 3200 个,举办讲座、报告会 3190 次,故事会和调演会 1.55 万次,在宣传党的政策,普及科学知识,活跃群众精神生活,促进各项事业的发展上起了积极的作用[1]。到 80 年代末 90 年代初,群众文化服务能力逐步增强,群众文化服务受益面不断扩大,已初步形成了一个比较完善的群众文化服务网。

这一阶段全省文化阵地建设呈现区域性发展。20 世纪 90 年代中后期以来,浙江在认识到全省"文化发展滞后"、"与经济发展不相适应"的同时,开始关注农村文化建设滞后于城市的现象。在《浙江省文化发展规划(1996—2010 年)》中,省委、省政府把"逐步形成以市(地)级城市为中心,以县(市)级城镇为纽带,以乡镇为网络,城乡一体化的现代文化格局",作为城乡文化建设的一项基本任务。1995 年 4 月,浙江出台了"全国万里边境文化长廊·浙江东海明珠工程规划(1995—2000)",开始启动与全国万里边疆文化长廊工程、创建文化先进县、蒲公英计划等三

---

① 王全吉、周航主编:《浙江改革开放 30 年群众文化实践研究》,杭州出版社,2010 年,第34 页。

大工程相接轨的"浙江东海明珠工程",这成为当时浙江农村公共文化建设一个比较突出的创新亮点。在省、市政府配套奖励措施和地方政府年度考核目标的强势推动下,"浙江东海明珠工程"使基层文化站建设驶入了快车道。各地纷纷推出相关举措,强化基层文化建设。温州市推出"金海岸工程",舟山市建设"海岛百花工程",丽水市实施"山花工程"等。宁波市各级政府投入"东海明珠"工程经费近一亿元①;绍兴市 7 个乡镇文化站设施建设总投资 1482 万元;湖州市仅 1995、1996 两年就新建、改建文化站项目 16 个②。据《1992—1996 浙江社会发展状况》的总结,全省"建设项目 56 个,建筑面积 11 万平方米,总投资达 12700 万元。已有 55 个城镇和集镇经省政府批准授予'浙江东海文化明珠'的称号,有 9 个文化馆和 135 个文化站成为特级文化馆(站),26 个文化馆为一级馆。诸暨、萧山等 8 个县(市)获'全国文化先进县'和'全国文化模范地区'称号,温岭、鄞县等 7 个县(市)获'全国万里边境文化长廊建设中做出显著成绩地区'称号,还有临安、浦江、东阳、青田、奉化、象山、诸暨等县(市)先后被文化部命名为'中国民间艺术之乡'和'中国民间绘画之乡',苍南县金乡镇成为国家级儿童文化园试点"③。"东海明珠工程"的实施,成为浙江推动基层文化建设发展的重要举措,掀起了群众文化设施建设新高潮,在当时乃至较长的时间发挥着积极的促进作用。

这一阶段文化事业创新发展中最重要的一件事,是积极探索和实施管理机制改革,推行"以文补文"。改革开放初期,浙江的文化体制施行的是单一公有制,机构臃肿,冗员过多,随着经济体制转换、文化市场的逐渐发育,市场化取向的改革对计划体制下文化产品和服务产生了极大的冲击,原有政府"包办"文化事业的弊端逐渐暴露,原有文化事业财政支出已难以满足文化机构的正常运转。面对这一特定环境,浙江一些地

---

①② 王全吉、周航主编:《浙江改革开放 30 年群众文化实践研究》,杭州出版社,2010 年,第 15 页。

③ 汪俊昌:《浙江文化建设 30 年的成就和启示》,载林吕建主编:《浙江蓝皮书 2009 年浙江发展报告·文化卷》,杭州出版社,2009 年 1 月。

方对文化事业发展作出了初步的探索和改革创新,希望能在计划经济体制向市场经济体制转换的过程中摸索出一条适合浙江文化事业发展的新路径。从20世纪80年代起,黄岩县、兰溪市等众多文化馆在内部管理机制改革方面进行了许多有益的尝试,如建立健全馆长负责制、岗位责任制和"双向选岗,优化组合"等。这些探索,矛头直指文化单位中普遍存在的"铁饭碗"意识、"大锅饭"现象。这些以岗位责任制为主的管理探索,不久便成为全省各地文化事业单位改革和发展的强烈呼声和实际行动。同时,浙江模仿经济体制改革的经验,在文化单位推行以经济承包经营责任制为主要内容的改革,实行了"以文补文"、"多业助文"等改革措施。1980年,中宣部等部门在《关于活跃农村文化生活的几点意见》中,第一次使用了"以文补文"的提法。浙江是改革开放、民营经济发展最早的省份之一,"有偿服务"和"以文补文"活动,早在20世纪70年代末起就已经出现。1981年,宁波市一些艺术表演团体开始实行"经营承包责任"。随着文化市场开始兴起,全省各地图书馆、文化馆、博物馆等提供公共文化服务的事业单位在经济压力下,靠破墙开店、出租房屋和场地举办各种商业性展览等措施来增加文化事业发展经费和收入。1986年7月21日,浙江省政府办公厅转发省文化厅《关于搞好农村文化站建设的报告》,文件明确提出:有条件的文化站开展"以文补文"活动。同年,省文化厅等6家单位联合下发的浙文群〔1986〕31号文件中指出:"群艺馆、文化馆改革:增强自身发展能力,改变单纯依靠国家办馆的思想,积极开展以文为主的多种经营和有偿服务,从单纯的服务型向服务经营型转变。"要求在全省推广"以文补文"的做法。于是,各级群艺馆、文化馆和文化站开办"文化工厂"、文化服务公司进行经营活动,普遍开展音像制品发行、录像放映、舞厅、卡拉OK厅、桌球、打印复印、摄影等服务,或者利用地利优势出租馆舍让人承包经营,改变过去单纯依靠各级政府财政拨款,经费拮据、开展群众文化活动十分困难的局面。1986年和1987年,浙江省文化厅分别在嘉兴、慈溪召开全省群众文化系统"以文为主、多种经营"经验交流会,积极推广这一做法。这些改革措施,在当时特定的经济文化背景下,对浙江省文化事业的发展起到了积极的推动作用,既体现了浙江文化系统摆脱困境的一种自发选择,也体现了市场化趋向改革初期公共文化服务模式创新的初步尝试。

二、以"公益性理念"为特征的改革发展阶段: 1999—2004 年

20 世纪 90 年代末期,随着党对社会主义文化建设的认识不断深化,在"二为"方向和"双百"方针的指引下,社会主义精神文明建设和文化建设稳步推进,文化领域呈现出多层次、多方位发展的局面。在这一阶段,浙江文化创新发展的一个更重要的表现或者特点是文化发展的战略意识大大增强,在全国率先提出了"建设文化大省"战略部署。2002 年 11 月,党的十六大召开后,浙江在"文化大省"战略实施中,更是与时俱进地弘扬和培育以创业创新为核心的"浙江精神",不断推进观念、体制、机制等一系列创新,并在实践中不断调整,创造性地开展工作,实现了"公益性理念"为主的创新型发展。

这一阶段对于浙江文化创新发展来讲,是以 1999 年省委提出"建设文化大省"战略目标为起点的。毋庸置疑,到 20 世纪 90 年代中后期,浙江公共文化事业建设可以说取得了相当大的进展。到 1996 年,浙江全省共有群众艺术馆、文化馆、文化站 2126 个,比 1990 年增长 4 倍多;有公共图书馆 81 个,公共图书馆藏书量达 1549 万册(件),比 1990 年增长 22.35%;各级博物馆、纪念馆、陈列馆 90 家,文艺表演团体 89 个。但是,与全省主要经济指标位居全国前列形成鲜明对照,浙江公共文化建设并未领先于全国。据统计,1998、1999 年,浙江省财政对公益性文化事业总投入为 30856 万元、30761 万元,分别占当年财政总支出的

1.08％和1.07％[①]。在1998年以前,温州文化投入滞后于经济发展的现象十分突出:"一个地处江心孤岛上的博物馆、一个破旧的图书馆、几家小电影院是当年温州勉强可以称得上的文化设施",温州市政府于1998年首次公开拍卖300个新增出租车营运权,将2亿元拍卖款全部用于青少年活动中心、博物馆和科技馆的建设,这才有了三年文化设施的竣工并投入使用[②]。正是在这种背景下,省委提出了"建设文化大省"的战略目标,虽然未突出地强调"发展公益性文化事业",但这对于自觉地构建相对于文化市场、文化产业的公益性文化事业具有重要的意义。事实上,早在1996年,浙江就首次提出"建设文化大省",制定了《浙江省文化发展规划(1996—2010年)》。三年后,浙江在全国省、直辖市、自治区中率先正式提出"建设文化大省"战略,这与这一时期省委、省政府高度重视文化建设,着力增强文化发展战略意识是密不可分的。许多人把这一事件视为浙江文化发展从自发走向自觉的重要标志。

回归公益性文化事业是这一阶段创新发展的突破口。显然,自改革开放初期到20世纪90年代中后期"以文补文"等一些改革措施,具有一种鲜明的尝试性特征。这些做法虽然减轻了政府财政负担,但也带来了一些问题,尤其是影响了具有公共性质的文化机构为广大公众提供公益性服务职责的正常履行。这些尝试性的实践,更多的是属于面对市场经济发展对文化领域造成冲击的一种被动应对。这导致在同一个单位内,公共与非公共性质的产品和服务混淆,经营性活动与公益性活动交叉,多重发展目标相互冲突,内部机制利益混乱。浙江省委、省政府以及一些市场经济走在前列的市地党委和政府也才开始逐渐地意识到:不加区分地把所有文化领域都推向市场,乃是成问题的,对文化领域必须采取分类指导的原则。在《浙江省文化发展规划(1996—2010年)》中,提出要"合理区分公益型、经营型、混合型等不同的文化类型,实行有区别的

① 陈立旭:《从传统"文化事业"到"公共文化服务体系"——浙江重构公共文化发展模式的过程》,载林吕建主编:《浙江蓝皮书2009年浙江发展报告·文化卷》,杭州出版社,2009年。
② 潘秀慧:《温州"炒出租车筹钱"发展文化》,《新民晚报》,1999-1-10。

文化经济政策,既能充分发挥文化事业单位的积极性,又有利于各级党委、政府加强宏观管理",要求"各地要积极支持图书馆、博物馆、科技馆、文化馆、美术馆、新华书店、影剧院等公益性文化设施建设,建设用地可按国家土地政策,给予优惠,并适当减免城市建设配套设施费"。上述认识也体现于浙江省一些市地制定的文化发展规划或纲要之中。比如,在《宁波市文化发展纲要(1996—2010)》中,已经强调"要对图书馆、博物馆、文化馆、革命纪念馆和社科研究、文物维修、文艺创作等非营利性文化公益事业在政策和财力上给予重点倾斜"。在《杭州文化发展战略和总体布局(1996—2010)》中,则不仅提出要"发展现代文化产业,建立繁荣、健康的文化市场",而且提出要"繁荣群众文化"、"大力发展社区文化",尤其是提出要"逐步完善公共文化设施布局"。在1998年的《杭州文化艺术跨世纪发展的思考和建议》中,杭州市文化局进一步提出,应把公共图书馆、博物馆、纪念馆、群众文化馆(站)、文物保护考古馆等确定为公益性文化单位,以社会效益第一,服务于公共文化事业,服务于人民群众;相应在公共财政投入上确保其人员工资和福利待遇,确保其公益性的文化事业经费。这种理念显然是相当超前的,它预示着不久以后浙江省公共文化服务创新发展的方向。

1999年12月,省委在十届三次会议上提出了"发展文化产业,建设文化大省"的战略目标,文化被区分为公益性文化事业和经营性文化产业,文化事业单位内部改革开始启动,并向公益性与非公益性两个方向发展。2000年出台的《浙江省建设文化大省纲要(2001—2020年)》明确地提出要"充分发挥公共财政的职能,逐步增加对公益性文化事业和重要新闻媒体的投入,鼓励社会力量捐赠公益性文化事业,建立多渠道的投入方式。积极探索文化系统自我积累、滚动发展的有效机制"。浙江省开始将原有的文化事业单位分成三种类型,并按照政事分开、政企分开、企事分开的原则,区别情况,实行分类改革。当时的很多做法与后来的文化体制改革试点中的做法基本一致。纲要提出的对不同文化类型采取不同政策和管理方法的原则,在2001年5月出台的配套文件《关于建设文化大省若干文化政策的意见》中被进一步具体化。针对公益性文化事业,这一意见要求各级财政都要加大经常性投入,每年增长幅度不低于经常性财政支出的增长幅度。这种"公益性文化事业",事实上在内涵上已经与后来的"公共文化服务体系"重合,并承担了提供公共文化服务和公共文化产品的功能。此时,尽管公共文化服务这一概念还未正式出现在国家文件中,但公共文化服务的理念已经开始在浙江萌芽。

这一阶段的文化创新在实践中还主要围绕以下几个重点进行了探索:

一是体制创新,深入推进文化体制改革。进入新世纪以来,浙江从经济社会发展的新任务出发,不断地审视和俯瞰文化建设面临的新问题和新任务。2003年6月,为加快文化事业和文化产业发展,中央提出要进行文化体制改革试点。浙江同广东一起被确定为全国文化体制改革综合试点省。同年8月,《浙江省文化体制改革综合试点总体方案》出台。方案强调:"要以改革的思路,加大政府投入,吸纳社会资金,加快建设西湖文化广场、浙江美术馆、浙江科技馆、浙江自然博物馆、杭州大剧院、宁波大剧院等一大批投资规模较大、技术先进、功能完备的重点文化设施。创新文化设施经营模式,通过市场机制运作,使之成为具有面向市场自我发展能力的经营主体。"这些都充分地表明,浙江公共文化发展已经在文化体制改革试点工作中被异乎寻常地突显了出来。以此为标志,浙江公益性文化事业进入了"脱胎换骨"的发展阶段。随后,省委、省政府召开经验交流会,推动全省面上试点工作的开展,这些都为公共文化发展增强了后劲。作为"走在前列"的省份,浙江在这一阶段对文化的投入逐年增加,文化大省建设逐步推进,浙江经济发展优势开始逐步地转化为文化发展的优势。2000—2004年,省级文化事业建设费支出1.26亿元,年均增长13.26%;2001—2005年,省财政安排专项资金5亿元,用于浙江美术馆、科技馆和自然博物馆建设;每年安排文化事业专项补助经费5000万元用于基层文化建设、民族民间艺术保护和扶持文化产业发展等①。

二是服务创新,确保全社会公平分享文化发展成果。2002 年,作为在公共文化领域一直致力于理念先导的城市,宁波市率先在全国提出了"人人参与文化、人人建设文化、人人享受文化"的理念,在实践中着力构建"15 分钟文化活动圈"。"15 分钟文化活动圈",就是你无论在社区或乡村,居民最多步行 15 分钟,就能找到一个求知、求健、求美、求乐的文化活动场所。它的核心是让老百姓就近就便享受文化、创造文化,重点则在广大农村村落。在实践中,宁波市把构建"15 分钟文化活动圈"具体化为"十百千工程",即在农村和社区建成 1000 个小康文化村、100 个村落文化宫及 10 个社区文化宫,全面形成"15 分钟文化圈"格局,让"人人享受文化"成为群众文化建设的一大目标。"15 分钟文化活动圈"这种指向百姓生活的群众文化建设理念,引起全国群众文化界的广泛关注,不久便被全国各地在实践中借鉴、学习和推广。而向外来务工人员发放"文化绿卡",则是浙江公共文化服务在改善弱势群体文化生活的又一创新动作。浙江民营经济发达,外来务工人员有 1000 多万。2004 年起,嵊州市向外来务工人员发放"文化绿卡",10 万打工者领到了"文化绿卡"。凭"文化绿卡",可以免费到该市的博物馆参观,免费到市图书馆借阅图书,免费参加培训学校组织的文化、教育、体育、音乐等各项培训。随后浙江各地纷纷创新载体、项目、内容和形式,如杭州的"和外乡人一起跳舞"、诸暨的广场露天电影放映活动、义乌的"同一片蓝天下,共创义乌文明"活动,为"外来建设者"搭建了文化服务平台。这一阶段,服务创新的另一个亮点,就是浙江迈出了公共文化服务场所免费开放的第一步。2004 年 1 月 1 日,浙江省博物馆、中国丝绸博物馆在全国率先实行常年向社会免费开放。同年 5 月,浙江省文化文物系统的博物馆、纪念馆全部对未成年人参观实行免费或优惠开放,由此带来的门票收入损失,通过省政府财政拨款的方式予以补贴,浙江成为全国实行博物馆免

---

① 陈立旭:《世纪之交以来浙江文化发展规律和经验》,载林吕建主编:《浙江蓝皮书 2011 年浙江发展报告·文化卷》,杭州出版社,2011 年。

费开放的首个省份。

三是制度创新,政府采购提高公共文化产品的供给。浙江是全国较早提出对公益性文化产品实施采购政策的省份。早在 2002 年出台的《中共浙江省委、浙江省人民政府关于深化文化体制改革加快文化产业发展的若干意见》中已提出,"可选择部分艺术表演团体进行个人持股、社会参股的股份制改革试点。改制后财政继续予以重点扶持,人头经费改为项目经费,对政府指定的演出活动逐步实行招标、采购制"。杭州是在浙江省也是在全国最早试行"公益性文化产品政府采购制度"的城市。2004 年 4 月,该市出台了政府采购公益性文化产品政策。首次被政府采购的是杭州滑稽艺术剧院的"双百场进社区"活动和杭州红星文化大厦的"开启音乐之门"系列音乐会,这两家文化机构从政府文化事业建设费中各获得了 20 万的采购基金。在总结经验的基础上,2005 年《杭州市政府采购公益文化产品服务试行办法》出台。与杭州一样,浙江其他一些城市也实行了政府对公共文化产品的采购制度。2005 年,宁波市委宣传部、文广新局等通过政府采购制组织实施"万场电影千场戏剧进农村"。台州市编制了《政府采购公益文化产品和服务项目目录》,对农村数字电影、文艺下乡等项目公开招标采购,自 2005 年 6 月建立我国第一条农村数字电影院线以来,台州市县两级政府共采购 6.2 万场数字电影,通过市农村数字电影有限公司的 119 支数字电影放映队送到农村。目前,政府每年向社会购买一批重点项目,低价或免费向群众提供,已成为浙江省各地一种较为普遍的做法。政府采购公共文化产品的做法,无疑从根本上对政府财政包办文化事业发展的模式形成了冲击,既坚持了"政府主导"又促进了政府职能的转变,有助于提高公共文化产品的质量,使公共文化产品更加贴近群众的需求。这是政府文化职能行使过程中一项重大的制度创新。

三、以"公共服务理念"为特征的快速提升阶段：
2005 年至今

这一阶段，是以 2005 年浙江省委出台《关于加快建设文化大省的决定》为标志事件。此时，浙江省各级政府和文化部门的执政理念从经济建设型向公共服务型转变，以保障人民群众最基本文化权益为出发点和落脚点，加快了公共文化服务体系建设。2007 年 10 月，党的十七大站在新的历史起点上，提出了建立覆盖全社会的公共文化服务体系的新要求，进一步强调要更加自觉、更加主动地推动社会主义文化大发展大繁荣，兴起社会主义文化建设新高潮。在这样的宏观背景下，浙江省公共文化服务体系建设也进入快速发展提升期。很显然，这一阶段浙江省显著地加大了公共文化事业的投入，并且以一种全新的理念和全新的方式创新了公共文化服务的服务方式和有效途径，为最广大人民群众提供公共文化服务产品和公共文化服务，自觉实践文化惠民。浙江公共文化服务体系建设伴随着创新发展走在了全国的前列。

这一阶段的公共文化服务创新发展的突出特点是政策创新成为推动公共文化服务体系建设的强大动力。我们可以从下面一系列改革和扶持繁荣政策以及一些标志性事件中找到浙江公共文化服务创新发展的清晰脉络：

2004 年，国家发改委颁布《关于 2004 年经济体制改革的意见》，提出要"建立健全公共文化服务体系"，首次出现了"公共文化服务体系"这一崭新的概念。2005 年，党的十六届五中全会通过的《中共中央关于制定国民经济和社会发展第十一个五年规划的建议》提出："积极发展文化事业和文化产业。加大政府对文化事业的投入，逐步形成覆盖全社会的比较完备的公共文化服务体系"，出现了以"覆盖全社会的"、"比较完备的"为定语的有关"公共文化服务体系"的新提法。在这一大背景下，2005 年 7 月，浙江省委召开十一届八次全会，作出《关于加快建设文化大省的决定》,第一次明确地用"社会公共服务"、"公共文化服务体系"等新的关键词来建构有关"公益性文化事业"的叙述框架。"提高社会公共服务能力"与"增强先进文化的凝聚力"、"解放和发展文化生产力"一起,被作为加快建设文化大省的三个着力点。在这个纲领性文件中,浙江省"覆盖全社会的比较完备的公共文化服务体系"蓝图首次得到了比较清晰的呈现,提出了在市场经济条件下公共文化服务体系建设的一种全新理念,即要"充分发挥公共财政的支撑作用,探索形成政府主导、社会参与、市场运作的公共事业发展新格局",全面实施文化建设"八项工程"。公共文化的发展问题,被提升到了关乎加快建设文化大省全局的地位而得到了前所未有的重视。这种全新的理念,在此后浙江各地党委和政府制定的相关政策文件以及公共文化建设实践中,被进一步地具体化和明晰化。如 2005 年 7 月,嘉兴市委出台了《关于建设文化大市打造人文嘉兴的决定》,通过健全行政推动、多元投入、城乡互动、文化共享和文化激励等五大机制,着力构建公共文化服务体系;2005 年,温州市制定出台了《关于加快文化大市建设的决定》,在加大财政对公共文化事业投入力度的同时,积极鼓励民间资本兴办文化事业,初步形成了政府投入为主、社会力量积极参与的公共文化建设投入机制;金华市也出台了《关于加快文化大市建设的决定》,把公共文化建设作为文化大市建设的重要任务,着力完善公共文化设施,努力扩大有效文化供给,积极创新基层文化传播方式。而省会城市杭州更是于 2007 年 11 月颁布了《杭州市公共文化服务体系建设规划(2008—2010 年)》,在这一规划中出现了"政府主导,社会参与"、"面向基层,服务群众"、"保障权益,多元发展"、"统筹发展,资源共享"、"重在普及,着眼提高"等关于公共文化服务体系建设基本原则的一些表述。这是杭州市,也是浙江省内制定的第一个关于公共文化服务体系建设的专项规划。它的出台标志着以杭州为代表的浙江省各级党委和政府开始有步骤地通盘考虑健全公共文化服务设施网络、提高公共文化产品供给能力、丰富公共文化服务内容、打造公共文化服务品牌等问题。

2007年,省第十二次党代会提出"创业富民、创新强省"总战略,把文化建设作为创业创新的重要支撑,部署实施新农村文化建设十项工程。当年,浙江文化多项活动和服务指标位居全国前列,其中,全省公共图书馆接待读者2067万人次,博物馆接待观众1101万人次,全省文化馆、文化站组织各类文艺、展览、研讨、讲座、培训等公益活动66245次,城市影院接待观众870万人次,送演出下乡1.56万多场、电影21.35万多场、图书194万多册,创造了历史新高①。2008年6月,省委出台《浙江省推动文化大发展大繁荣纲要(2008—2012)》,进一步把公共文化服务体系与社会主义核心价值体系、文化产业发展体系放在一起,作为浙江未来三大文化建设体系之一。《纲要》尤其以相当大的篇幅详细地阐述了"创新公共文化服务方式"的内涵和途径,提出要通过政府采购、项目补贴等方式,提高重要公共文化产品、重大公共文化服务项目和公益性文化活动的服务效益;加大向基层特别是低收入和特殊群体提供免费文化服务的力度;发挥浙江民营经济的优势,积极引导社会力量以兴办文化俱乐部、赞助活动、免费提供设施等多种形式参与公共文化服务;支持民办公益性文化机构的发展,鼓励民间开办博物馆、图书馆等,促进公共文化服务方式的多元化、社会化。《纲要》特别强调"文化创新"的重要意义,提出要"大力推进文化发展理念创新、文化内容形式创新、文化体制机制创新和文化传播手段创新"等四大创新,这为全省实施公共文化服务创新提供了强有力的支持。"免费"、"低收费"、"政府主导"、"社会参与"、"市场化运作"等原则在这份文件中得到了充分的体现,以全新理念和全新方式建设浙江公共文化服务体系的思路已经得到了相当完整的呈现②。2009年,省政府制定出台了《浙江省文化馆管理办法》,则有力地推进了浙江省文化馆事业发展。

---

① 浙江省文化厅:《浙江文化改革开放30年成就经验和新世纪新阶段深化改革开放思路》,载林吕建主编《浙江蓝皮书2009年浙江发展报告·文化卷》,杭州出版社,2009年。
② 陈立旭:《从传统"文化事业"到"公共文化服务体系"——浙江重构公共文化发展模式的过程》,载林吕建主编《浙江蓝皮书2009年浙江发展报告·文化卷》,杭州出版社,2009年。

可以说,浙江的公共文化服务创新发展总是和国家、省、市以及地方上的文化政策息息相关。随着这一系列改革政策和创新措施的不断深入,公共文化服务体系建设日益得到重视,建设力度不断增大,思路越来越明确,重点越来越突出,实效越来越增强,多项工作成为全国先行试点,为全国创造示范经验,呈现出供给多样化、载体品牌化、服务均等化、投入多元化、机制科学化等显著特点。这些无不凸显出浙江在公共文化服务投入和提供方式上进行创新的发展历程,以及建设理念上的一次次重大转变。

(一)供给多样化,实现文化供给从"单向"向"双向"转变

一方面加大了"送"文化的力度。2006 年,浙江开始实施"三万工程",即万场演出进农村、八万场电影下农村、百万册图书送农村,省政府还专门为 31 个欠发达县(市、区)配送了流动舞台车,这一工程连续多年被列入省政府为民办的十件实事。这一年,浙江省向广大农村送电影 11.7 万场、演出 1.6 万场、图书 306 万册。2007 年后,又相继推出了"新农村文化建设十项工程",即农村文化基础设施建设工程、农村电影放映"2131"工程、送戏送书下农村工程、农村文化活动繁荣工程、农村文化队伍素质提升工程、农村文化示范户创建工程、文化信息资源共享工程、文化遗产保护工程、广播电视"村村通"工程、农民体育健身工程等十项重点工程。2007 年以来,浙江省文化厅为重点解决农村观众看戏难、看名角难的问题,实施了省属艺术表演团体公益性送戏下乡的演出计划,每年有 300 万元补贴省属专业院团免费到农村基层,特别是老少边穷、海岛渔村等条件艰苦的地区开展送文化服务。同时,宁波、台州等地改变单向输送的方式,在健全公共文化需求表达与共商机制,开展文化需求和满意度调查的基础上,继续完善和推进政府采购制度,引入项目招标等竞争机制,积极探索"企业经营、市场运作、政府买服务"的公共文化活动市场化运作模式,以"零门槛"方式面向全国公开招标公益性文化活动项目,从而对基层实现有针对性的配送。值得关注的是,在送文化过程

中,浙江推出了"唱响文明赞歌"声乐专家辅导团和优秀歌手展演团文化下乡、文化下乡流动图书车配送等一批有特色、影响大、群众喜闻乐见的示范性文化下乡活动。"十一五"期间,全省累计送9.1万场演出、110万场电影和1015万册到农村,极大地满足了基层群众精神文化需求①。

另一方面,积极扶持"种文化"。2007年春天,握惯了锄头种庄稼的农民兄弟,在浙江的田野上展开了一场不寻常的耕作比赛:"种文化"。浙江临安、嘉善、新昌、临海4个县的8个村庄村民向全省发起了《我们都来"种文化"》的倡议,很快"种文化"在全省61个县的110多个村开展起来②。3月,省委办公厅、省政府办公厅下发了《关于在全省农村开展"千镇万村种文化"活动的意见》,省委宣传部下发了《实施方案》,对农村"种文化"活动进行了全面部署,在全省开展"千镇万村种文化"活动。各级群艺馆、文化馆、文化站也投身其中,大力开展群众文化活动,扶持群众自办文化,让更多的人成为群众文化的主角,提高群众文化发展权。同时积极培育农村文化队伍,辅导扶持基层文化活动。如2007年5月,义乌市在实施"农村、社区、企业文艺骨干系列培训"和"千名文艺骨干培训"工程取得成效的基础上,开展了"文化专家联百村"活动;2008年,丽水市群众艺术馆开始实施"基层指导责任制";2009年,乐清市文化馆推出了"文化馆业务干部联乡制度";同年,浙江全面启动了群众文化公益性培训"星光计划",大力实施农村文化队伍素质提升工程;2010年3月,海盐县在全省首创文化工作员下派制度,由县文化部门招聘有人事编制、有财政经费的文化下派员到各乡镇街道工作。全省农村"种文化"活动由此形成一波又一波的热潮,涌现了一批组织有力、活动经常、特色鲜明的农村"种文化"先进村镇,传承了一批积淀深厚、内涵丰富、形式独特、群众喜爱的特色文化项目和品牌产品,培养了一批源于民间、扎根农村、各具特色、各有专长的农村文化队伍和传承人,活态传承了文化遗

① 冯源:《浙江建公共文化服务体系:早投入重基层抓人才》,浙江在线,2011-11-01。
② 梁臻、邵全海、黄曙林、李春、杨晓轩、林云龙:《浙江农民欢庆"种文化"丰收》,《新闻实践》,2007年第12期。

产,使农村文化活动成为农民群众健康生活的重要内容。浙江农民"种文化"这一独特的文化景观,引起中央主流媒体的高度关注。可以说,浙江全省"种文化"的热潮风起云涌,农民自办文化为农村培育了"不走"的文化队伍,其覆盖之广、阵容之盛、成分之繁、能量之大,前所未有。据统计,"十一五"全省省、市、县三级文化部门累计培训基层文化干部、业余文艺骨干、村级文化管理员超过11万人次。目前,全省农村活跃着1300多支电影放映队、1万多支业余文保队伍、500多家民间职业剧团、近2.5万支业余文体队伍、5万余名拥有教学辅导、组织管理和技术服务的骨干队伍,以及51.4万名业余文体骨干①。从"送文化"到"种文化",一字之差却体现了这样一种理念:农民从文化的旁观者变为参与者,农民既是观众,又是演员;既是文化产品的生产者,又是文化产品的享受者。而随着"种文化"活动的深入,也有农民开始向城市"送文化"了。宁波市鄞州区从"文化送百村"到"百村送文化",就是这方面的一个典型事例。2007年7月,鄞州古林镇张家潭村业余文艺队登上了宁波市"逸夫剧院"的舞台,成为改革开放以来第一个登上宁波一流专业演出场所的农民演出团体。

与此同时,浙江还坚持面向基层、面向群众,大力加强优秀文化产品的创作生产,公共文化产品和服务供给明显增加,极大地丰富了人民群众的文化生活。2007年,浙江开始实施青年艺术人才培养"新松计划",一批优秀青年文艺人才脱颖而出,创作出一批反映人民主体地位和现实生活、群众喜闻乐见的优秀精神文化产品,涌现出了越剧《陆游与唐琬》、昆剧《公孙子都》、甬剧《典妻》、民族音乐剧《五姑娘》和《小村故事》、《乡里新韵》、《九斤姑娘》等一批精品力作。在历年中宣部组织的全国精神文明建设"五个一工程"奖评选中,浙江群众文化干部与业余骨干创作的《晒鱼鲞》、《五十六根琴弦连北京》、《唤一声西子踏青去》、《海乡的秋天》、《香香花为媒》、《江南青青竹》、《钢筋班的棒小伙》共有七首歌曲获

① 中共浙江省委宣传部课题组:《关于创新浙江省公共文化服务体系建设的调研报告》,载林吕建主编:《浙江蓝皮书2009年浙江发展报告·文化卷》,杭州出版社,2009年。

奖。1991年以来文化部共举办了十五届"群星奖"评选,浙江共有72件作品获全国群星奖。在2007年第十四届评选中,则有16个获奖,获奖总数同样名列全国前茅。而在2010年全国第十五届"群星奖"评选中,浙江有19件作品和项目获奖,获奖总数列全国第二,仅次于东道主广东省。

(二)载体品牌化,增强公共文化服务的生机与活力

这一阶段,浙江持续实施文化品牌战略,以文化惠民品牌建设为重点,增强公共文化服务的生机与活力,形成了一批"钱江浪花"、"赏心乐事"、"雏鹰计划"、"新年演出季"、"高雅艺术进校园"等公益性文化品牌,这成为浙江创新公共文化服务方式的又一有力举措。其中最具有典型性的,是2005年7月成立的浙江钱江浪花艺术团文化直通车开创了文化下乡新模式:一种以多功能流动舞台车为平台,以专业艺术院团为演出队伍,直接为基层群众提供文化服务的新形式。艺术团被中宣部等14个部委评为"三下乡活动先进集体",获得了第四届中国十大演出盛事评选最佳基层演出金奖、文化部第二届文化创新奖等重大奖项,成为浙江在全国的一个有关农村公共文化服务的著名品牌。在钱江浪花艺术团的示范效应下,全省开出了30多辆文化直通车,带动全省形成"文化大篷车现象"。钱江浪花艺术团现象,已成为浙江繁荣农村文化、创新农村公共文化活动形式的一个缩影,它集中地凝聚了浙江文化体制改革、文化创新、文化科技等多项成果。而"雏鹰计划万里行"活动充分发挥积极性和创造性,积极探索可持续为基层和群众提供文化服务、社会效益和经济效益相统一的运行体制,并建立了"多下乡、常下乡"的长效机制。舞台艺术新年演出季和"赏心乐事"系列音乐演出通过项目运作和不断探索实践,创新形式,创新载体,把为城市居民提供优质公共文化服务和促进演出市场的繁荣有机结合起来。"高雅艺术进校园"活动通过进一步完善活动的管理机制,建立专门的剧目选拔机制和演出考核机制,做好各项工作衔接,使活动进行越来越规范有序,做到了"校校有落实,场场有反馈"。"十一五"以来,浙江共组织钱江浪花艺术团文化直通

车下基层演出 1200 余场,"雏鹰计划"优秀儿童剧进校园巡演 4200 余场,高雅艺术、民族艺术进校园演出 500 余场,新年演出季 300 余场,"赏心乐事"系列音乐会 600 余场①。

与此同时,浙江省也通过打造节庆品牌文化,以丰富城市公共活动形式,满足公众文化需求。这一阶段,浙江省积极举办第七届中国艺术节、越剧诞辰百年庆典、中国越剧艺术节等一系列有全国影响的大型文化活动。杭州每年推出开茶节、女装节、啤酒节、旅游购物节、工艺美术节等。类似的节庆文化活动,在浙江其他城市也十分活跃。比如,改革开放以来宁波的节庆文化活动,就经历了从无到有、从小到大、从单一到丰富的发展历程。自 2005 年以来,宁波已连续三年被评为"中国十大节庆城市"。宁波的中国国际港口文化节、象山的中国开渔节、嘉兴市秀洲区的"中国农民画艺术节"、南湖区的"南湖合唱节"、临海市的"江南长城节"、兰溪市"中国兰花节"、衢州市"衢州国际孔子文化节"、桐庐县的"神州风韵"全国剪纸大赛等等。在打造具有全国影响的群众文化活动品牌的同时,全省各地文化馆根据各自地域、经济、文化的特点,精心打造具有地方特色的文化活动品牌。杭州市的"风·雅·颂"民间艺术表演活动、上城区的"百团百场"文艺演出、西湖区的"一十百千万"活动、拱墅区的"运河文化艺术节",临安市的"吴越风情"广场艺术节、景宁县的畲族民歌节、庆元县的"月山春晚"、舟山市的"中国渔歌邀请赛"、定海区的全民 K 歌大赛、宁波北仑区的"海享文化大舞台"等,形成了覆盖全省的文化品牌群。在浙江文化惠民品牌的示范带动下,各市相继实施了本地区的文化惠民项目,加大扶持力度,形成全省公共文化服务建设你追我赶的良好格局。

(三)服务均等化,创新公共文化服务供给方式

2008 年,省政府印发《浙江省基本公共服务均等化行动计划(2008—2012)》。可以说,伴随着文化意识和城乡协调发展意识的进一

---

① 陈扬渲:《城乡居民乐享文化》,《浙江日报》,2010-10-22,第 1 版。

步觉醒,浙江开始大力推动城乡基本公共文化服务一体化、均等化,促进城乡文化均衡发展。在农村文化建设中,浙江以县县建成图书馆和文化馆、乡乡建成综合性文化站、85%的行政村建成文化活动场所为目标,开展了"浙江文化先进县"、"浙江东海文化明珠"、"浙江省文化示范村"、"浙江省文化示范社区"等评选活动,通过新建、改建、扩建、联建等方式,加快基层文化设施建设步伐。省财政每年通过转移支付用于农村文化建设的投入从"十五"期间的 1500 万元大幅增至 2010 年的 1.58 亿元,年文化活动总经费 2.875 亿元。浙江宣传文化部门还与组织部门合作,与农村党员干部现代远程教育系统联合共建服务站点 4 万余个,实现了"文化信息资源共享工程"的全覆盖,其中乡镇覆盖率达 100%,村覆盖率达 98.5%[①]。同时,为了填补农村文化服务的空白点和薄弱点,浙江大力实施"文化低保工程",省财政每年安排 600 万元的困难群众文化活动经费,重点加强对农村贫困人员、老年人、外来务工人员、未成年人等特殊群体的公共文化服务,切实改善弱势群体的文化生活状况。从 2008 年开始实施的"彩虹行动",为全省 11.2 万户农村困难家庭送去电视机,占全省农村无电视机低保户的 74%。宁波余姚市还通过向全市低保户发放爱心卡,向外来务工者发放"共享卡",切实保障低保户和"新余姚人"的基本文化权益。

目前浙江已基本形成了最大限度保障全社会各个群体基本文化权益的态势。2009 年 5 月 26 日,浙江图书馆在全国率先开通网络图书馆,全省公共图书馆实现"一网通",成立了浙江省公共图书馆讲座联盟和全省公共图书馆信息服务联盟;嘉兴、杭州、宁波等地率先推行公共图书馆总分馆制建设,推进公共图书馆系统"一卡通"工程,基本构建起了城乡一体化的公共图书馆服务体系,实现了图书"通借通还"、一证多用,同时与各个图书馆的数字资源互联共享,使当地老百姓能得到与城市居民基本一致的服务。这一成功探索引起社会各界的高度关注,被誉为打破

---

① 冯源:《浙江建公共文化服务体系:早投入、重基层、抓人才》,浙江在线,2011-11-01。

"篱笆墙"的公共图书馆和中国公共图书馆总分馆建设的"嘉兴模式"。2009 年 6 月 8 日,时任中央政治局常委李长春考察了嘉兴市大桥分馆,称赞"嘉兴市构建城乡一体化公共图书馆服务体系的做法是公共文化服务模式的一个创新,有利于改变城乡公共文化服务的二元结构,更好地体现公益性、基本性、便利性、均等性,保障人民群众基本文化权益。这个经验在全国有普遍意义,值得在全国推广"。①

从 2004 年开始,浙江在全国率先实行了博物馆常年免费开放后,图书馆、美术馆、文化馆等免费开放继续走在了"全国前列"。2007 年 12 月,浙江图书馆宣布取消借书证年费,成为全国首家实现免费开放的省级图书馆,当月办证量达 1 万余张,相当于往年全年三分之一的办证量;2008 年 9 月,杭州图书馆新馆开馆,成为国内第一家实现免证、免押金、免服务费的图书馆;2009 年 8 月 9 日浙江美术馆正式开馆,并率先于全国美术馆的"免费"开放政策。西湖文化广场、浙江美术馆、浙江自然博物馆新馆、浙江省博物馆武林馆区等公共文化设施先后建成开馆,实行对外免费开放,参观人数盛况空前,观众十分踊跃。浙江美术馆日均观众量超 2000 人次,浙江自然博物馆新馆对外开放以来已接待观众 100 余万人次。2010 年,全省博物馆共组织各类展览 800 多个,接待观众超过 1700 万人次。2011 年 2 月,文化部、财政部召开全国美术馆、公共图书馆、文化馆(站)免费开放电视电话会议,作为国内最早实行文化馆免费开放的单位之一,宁波市群艺馆的经验在会上作了交流。目前全省文化馆、博物馆、图书馆、纪念馆免费开放全面铺开,基本实现了国家规定范围内全部开放。这一做法,无疑再次体现了作为"走在全国前列"省份的文化自觉。

(四)投入多元化,形成政府主导、社会广泛参与的文化惠民新格局

建立政府、市场、社会在提供公共文化服务上的合作伙伴关系,是浙

---

① 应丽斋:《嘉兴模式值得去在全国推广!》,《嘉兴日报》,2009-6-12。

江在这一阶段开始寻求公共文化服务体系投入方式创新的一次有益尝试。这一阶段,浙江实现了公共文化服务从"以政府为主体"向"以政府为主导"的转变。

　　一方面,建立健全财政对公共文化服务投入的稳定增长机制,积极研究出台相应的地方政策法规,强化公共文化投入的约束机制。随着体系的不断完善,浙江以改善公共文化服务基础设施为重点,发挥凝聚与辐射功能,进一步推动公共文化资源的整合和公共文化服务方式的创新。进入"十一五"时期以来,全省各级财政对文化的投入大幅增长:2007年,全省各级文化的投入总额(不含基本建设投入)突破20亿元;2008年超过26亿元;2009年近32.3亿元;2010年已达37.25亿元。浙江文化事业费占财政支出比重连续8年位居全国首位[①]。而近几年来,浙江更是以大胆的气魄创新阵地建设,积极推动公共文化服务重大工程项目建设,大力实施文化阵地工程,以设施建设带动公共文化服务的快速发展。以公共图书馆、文化馆、博物馆、文化广场等为主体的公共文化基础设施体系逐步完善,基本建成了覆盖全省城乡的省、市、县、乡、村五级公共文化服务基础设施网络。目前,全省共有全国文化先进县27个,省级文化先进县42个,"浙江东海文化明珠"乡镇545个,省级文化示范村(社区)431个[②];已建和在建县级以上文化广场、文化中心300余个;全省90个县(市、区),有县级图书馆82个,总藏书量1816.931万册;县级文化馆90个,乡镇综合文化站1509个,村级文化活动室的覆盖率达到85%;全省博物馆总数已发展到195所,民办博物馆在数量和运行模式上全国领先[③]。全省各地建成并投入使用了西湖文化广场、浙江科技馆、浙江博物馆新馆、浙江自然博物馆新馆、浙江美术馆、杭州大剧院、浙江文化大厦、杭州历史博物馆、宁波大剧院、宁波美术馆、温州博物馆、温

---

　　① 苏唯谦、骆蔓、陈如福:《风景这边更好——浙江公共文化服务体系建设扫描》,《浙江文化》,2010年第1期。
　　② 浙江省文化厅2010年工作总结。
　　③ 林梢青:《浙江公共文化服务屡开全国先河》,《钱江晚报》,2011-10-19。

州图书馆、嘉兴市文化艺术中心、绍兴大剧院、衢州市博物馆、舟山市文化艺术中心等一大批标志性文化设施,构建了公共文化设施的主体框架。2009 年,全省文化设施建筑面积(不包括档案馆)达 354.6 万平方米,每万人文化设施面积为 685 平方米,每 10 万人拥有公共文化服务机构数达 0.95 个[①]。与 20 世纪 90 年代中期形成鲜明对照的是,目前浙江城乡的公共文化设施建设水平,在全国无疑已经是名列前茅。

另一方面,浙江进一步完善公共文化投融资机制,鼓励和扶持各种社会力量广泛参与公共文化服务体系建设,逐步形成政府主导、社会广泛参与的"多元投入"文化惠民新格局。为了实现从"以钱养人"向"以钱养事"转化,浙江一些地方政府采用了"以奖代补"、"项目申报"和"企业冠名"等方式。台州市就建立了"以奖代拨"机制,市财政每年下拨 200 万~300 万元奖励文化俱乐部建设。据不完全统计,通过"以奖代拨"机制,2004—2007 年市财政加上县、乡财政和村级集体配套资金共投入3000 多万元,解决了建设资金的短缺问题,同时台州市从 2005 年开始实施全国首创的"百分之一文化计划",这项制度创新了社会资金参与公共文化建设的渠道,引起国内各界的广泛关注。中宣部曾在台州召开全国基层文化建设现场会,向全国推广,该项目还获得了当年第三届文化部创新奖。县级市海宁的市、镇(街道)、村三级 2004—2006 年投入资金5000 多万元用于农村公共文化阵地建设,其中市财政投入经费 1500 多万元用于村级文化中心(室)的奖励补助;2005 年和 2006 年市财政又分别投入专项资金 250 万元,作为农村文化建设的活动、考核与奖励经费。这样大规模、成体系的投入机制,在全国也是不多见的[②]。杭州市则在采取"项目申报"等方式上取得了突破。自 2006 年开始,杭州市对"文化产业扶持项目"(包括"公共文化设施扶持"项目)实行专家评审与行政决

---

① 陈立旭:《世纪之交以来浙江文化发展规律和经验》,载林吕建主编:《浙江蓝皮书 2011 年浙江发展报告·文化卷》,杭州出版社,2011 年。

② 陈立旭:《创新公共文化服务体系投入与管理方式——基于浙江实践经验的研究》,载于李景源、陈威主编:《中国公共文化服务发展报告(2009)》,社会科学文献出版社,2009 年。

策相结合的立项审批制度。宁波市对宁波大剧院、宁波剧场等,每演出一场,根据演出规模进行资金补助;慈溪市、余姚市等地都建立了乡镇文化设施建设评比标准,年底给予不同的资金补助;个别有条件的乡镇对村级的文体设施建设也制定了补助方案。被命名为"中国博物馆之乡"的宁波市鄞州区,创造性地推出了"合作联办"、"企业＋博物馆"、"景区＋博物馆"、"生产基地＋博物馆"等建设模式,率先在全国出台了扶持民营博物馆的政策措施,由财政出资对全区民营博物馆按建筑面积和造价分类予以补贴,单个最高达 400 万元,形成了公共文化服务体系的资金补助网络。目前,该区 22 座博物馆中,民办的占了 14 座,博物馆的人均拥有量已达到世界发达国家水平。浙江 242 家博物馆中,企业、个人和行业组织等其他主体投资的博物馆已有 57 家。浙江还通过政府扶持、鼓励无偿捐赠、企业冠名、形象展示、重大文化活动推荐等形式,激发了社会力量兴办文化的激情。杭州、温州、湖州等地立足市场运作,由政府部门通过新闻发布会等形式,向社会各界推介公益文化基础项目。民营企业发达的台州,企业家们钟情公共文化设施建设,积极参与文化产业发展。如台州市路桥区近两年的文化基础建设投资 3 亿元,其中民营资金就有 1 亿元,占总投入额度的 33％。2008 年,绿城集团董事长宋卫平以香港丹桂基金名义捐资 1 亿港元建设嵊州越剧艺术学院。通过这些做法,政府的财政投入和国有文化单位及民间资金得到了较佳的结合,从而既有效地激励了社会力量参与公共文化服务体系建设的积极性,也有效地提高了政府资金的使用效率。

(五)机制科学化,探索建立"以人为本"的有效运行方式和运行机制

浙江在公共文化机制创新实践中,从眼前着手,从长远着眼,探索建立"以人为本"的有效运行方式和运行机制,推动公共文化服务健康运行和长远发展。

首先是立足制度创新,实现公共文化服务由实践推动向理论与实践

推动并重转变。为了进一步搞好基层公共文化服务,浙江建立了年度性经验交流机制。浙江省文化厅和上海市文化广播影视管理局、江苏省文化厅举办的"长三角公共文化论坛"到 2009 年为止已举行了五届,分别探讨了非物质文化遗产保护、社会公共文化活动开展等方面的问题。同时各市、县、区之间也利用各种平台开展公共文化服务交流与研究。民间互动促进了地缘连带效应的发挥,社区之间的互相观摩与模仿,城市之间的交流与促进,城镇中的互相影响与传递,使一些文化创新涌现出来,形成了公共文化服务创新的良好气氛。

其次是建立和完善政策法规支撑体系、绩效考核评估体系,使公共文化服务体系建设指标化、项目化、规范化、制度化。2010 年,浙江建立了全国首个农村公共文化服务评估指标体系,这套指标体系涵盖了政府投入、设施建设、队伍规模、公共服务、社会参与和文化惠民创新等 7 个方面,涉及 23 个指标。体系既坚持政府主导,也鼓励社会参与,除了考核政府送文化下乡情况,还关注基层自发的"种文化"现象。同时,它坚持投入与产出并重,不但要看政府对公共文化的投入,还要考查最终产出的公共文化产品和服务的数量和质量。

第三是提高创新力,实现文化服务形式从"传统型"向"数字型、科技型"的方向转变。这一阶段,浙江大力推进文化传播手段与机制的创新,加强文化数字化建设,深入实施文化共享工程,推动建设"网络文化馆"、"网络图书馆"、"网络博物馆"、"网络剧场"、"群众文化活动远程指导网"等覆盖全省、方便快捷的数字文化服务网络。2007 年 12 月,浙江承办了"2007 全国群众文化网络建设论坛",通过了《全国群文网站联盟倡议书》和《全国网上群文活动方案》,为充分发挥网络优势,开拓网络群众文化活动,开辟了崭新的天地。随后的 2008 年,全国群文网站联盟、浙江省群众艺术馆主办了"弘扬千年民俗,守护精神家园"浙江春节群众文化网络活动。2009 年以来,浙江省群众艺术馆还相继举办了浙江省最具地域特色的代表性民歌、民间舞蹈、民间手工艺等网络评选活动。杭州市群众艺术馆和上城区文化馆运用网络平台,开展网络配送和文化超市活动,为群众提供最广泛、最便利、最贴近的文化产品服务。

　　第四是形成了完善的公共文化服务创新体系。浙江率先在全国启动非物质文化遗产保护工作,并将非物质文化遗产保护和传承纳入到公共文化服务体系中。早在2003年8月,浙江就率先在全国开展了民族民间艺术资源普查和非质文化遗产普查工作。2007年,全省组织起23万名普查员开展非物质文化遗产普查工作,基本摸清了全省非物质文化遗产资源的"家底"①。2007年,浙江开展非物质文化遗产生态保护区试点工作,首批确认杭嘉湖蚕桑丝织文化生态区、婺文化生态区、越文化生态区等7个区域。同年6月,在全国率先出台了《浙江省非物质文化遗产保护条例》,初步形成了非物质文化遗产保护传承和管理机制,创造了许多宝贵的经验,有力地推动浙江省非物质文化遗产保护工作走在全国前列。同时,各地积极推进文化创新工作。宁波市从2008年开始文化工作创新奖的评选,涵盖了基层文化建设、公共文化服务建设、对外文化交流、文化体制改革等各领域的新做法和新经验。2009年,浙江省文化厅开展了基层公共文化服务创新奖评选活动,鼓励各地创新公共文化服务载体和形式,不断提高公共文化服务水平。当年,嘉兴市城乡一体化公共图书馆服务体系、乡镇综合文化站建设"余杭模式"、明珠工程——乡镇综合文化站建设的崭新模式、海宁市创新农村文化阵地长效管理模式、文化走亲、杭州市群文运行机制创新等25个项目获奖。在此基础上,一批创新项目脱颖而出,宁波鄞州区"天天演"文化惠民工程、丽水庆元县"月山春晚"、嘉兴秀州·中国农民画艺术节、浙江省"唱响文明赞歌"文化关爱老少边贫地区系列活动、杭州市群众文化"集约化、一体化"运行机制创新项目荣获第十五届全国"群星奖"公共文化服务项目类奖项。

　　30多年公共文化服务的创新发展,浙江经历了一个探索、实践、认识、完善,再实践、再认识、再完善的发展过程,并逐步走向文化自觉。我

---

　　①　王全吉、周航主编:《浙江改革开放30年群众文化实践研究》,杭州出版社,2010年,第44页。

们可以从中清晰地看到创新这一核心理念,贯穿于浙江省公共文化服务发展的全过程,看到浙江地方政府在推进公共文化事业发展中的政策取向和思维轨迹。2011 年 10 月,党的十七届六中全会在京召开,提出了"努力建设社会主义文化强国"的目标。11 月,浙江省委十二届十次会议提出,到 2020 年,"努力基本建成与浙江经济社会发展水平相适应的文化强省",用鼓舞人心、求真务实的笔触,勾勒出建设文化强省的前景,充分体现了浙江省委在文化上的高度自觉。我们有理由相信,一个始终务实与注重和谐的浙江,一个不断拼搏和创新的浙江,一定会在未来取得发展形态和发展理念的大革新、大突破,并越来越呈现出多维、开放的大姿态。

第四章 浙江公共文化服务创新的基本特征

改革开放以来,特别是在国家明确提出公共文化服务概念之后,浙江省在公共文化服务体系建设上引领先河,锐意创新,通过政府的主导,公共财政的支撑,硬件建设和软件建设的紧密结合,打造了一个能够使人民群众就近方便享受文化生活的公共文化服务体系,切实保障了人民群众的文化权益。通过"十一五"的努力,浙江省公共文化服务体系的硬件设施网络已经初步形成,当前正大力加大公共文化产品和服务的供给。根据对改革开放以来浙江省公共文化服务创新背景的分析,以及对浙江省公共文化服务创新发展历程的总结,可以将浙江省公共文化服务创新的基本特征简要概括为:均等性、时代性、创造性、科技性。

对浙江省公共文化服务创新基本特征的归纳梳理,我们可以看出,这一创新所呈现出的一系列鲜明特征主要表现为以下几个方面:首先,均等性更多地实践了公平均等的公共文化服务理念,包含了权益均等、资源均等、区域均等、群体均等这些公共文化服务体系的基本特征;其次,时代性更多地体现了公共文化服务内容与时代精神及地方优秀文化的紧密结合,包含了领先、超前、传承等公共文化发展的基本特征;再次,创造性和科技性更多地体现了创新的元素,包含了开拓、延展、新颖、独特等机制创新和技术创新的基本特征。同时,这些方面的基本特征也是紧密结合,并不脱离的,也就是说,浙江省公共文化服务创新是根据时代背景,传承优秀文化,并在公平均等的要求下进行的公共文化服务机制和技术方面的创新实践。

一、均等性

国家"十一五"文化发展规划和十六届六中全会决议以及十七大报告中都明确提出了"要围绕推进基本公共服务均等性和主体功能区建设,完善公共财政体系,增强政府提供基本公共服务的能力,把更多财政资金投向公共服务领域,以发展社会事业和解决民生问题为重点,优化公共资源配置,注重向农村、基层、欠发达地区倾斜,逐步形成惠及全民的基本公共服务体系"。从政府的文化行政主管部门来说,非常重要的一个职能就是构建公共文化服务体系,公共文化服务体系建设是基本公共文化服务均等性的必然要求,是扩大公共财政覆盖面,让全体社会成员共享改革发展成果的基本制度安排。满足公共文化服务的均等性要求,是公共文化服务体系建设的核心价值所在。公共文化服务的均等性,指的就是政府和公有性质的社会文化机构面向全体社会成员普遍提供基本的无差别的公共文化服务的属性。

均等性有两个显著特点:一是公共文化服务内容的同质性,政府和公有性质的社会文化机构无论在什么地方,无论在什么时候,都面向全体社会成员普遍提供基本同质的公共文化服务,这意味着为全体社会成员提供具有一致性、无偏向性的公共文化服务,即任何社会成员都能无差别地享受基本公共文化服务;二是公共文化服务数量的相等性,政府和公有性质的社会文化机构在不同的城乡之间、区域之间、群体之间投放的公共文化服务在数量上也要基本相等,做到不厚此薄彼,努力让农村、欠发达地区和弱势群体也能享受到一定数量的基本公共文化服务。浙江省在公共文化服务创新实践中,其均等性特征主要体现在公共文化服务的权益均等、资源均等、区域均等和群体均等这四个方面。

文化生活需求是人的基本需求之一,文化生活是人类社会生活的重要组成部分。享受基本的公共文化服务,是现代社会公民的基本权利之一。文化权是人权的一个重要内容,是公民享有文化娱乐、文化消费、文化教育、文化创造、文化审美等文化生活与文明进步的权力。公民文化权利主要包括：参与文化生活的权利，分享文化发展成果的权利，文化活动及文化创造自由的权利，文化成果得到保障的权利等。公民文化权利的核心是文化公平，而文化公平的实现需要政府采取措施保障，其中最主要的措施是建设公共文化服务体系。构建公共文化服务体系，就是要提高基本公共文化服务能力，为城乡群众提供更多更好的文化服务，不断满足广大人民群众的文化生活需求，实现人们的文化权。这种公共文化服务体系中人人都能享有公平均等的公共文化服务权利的属性就是权益均等性特征。从公民文化权利的角度看，公共文化服务体系建设是全体社会成员，尤其是农民、欠发达地区居民和弱势群体的基本文化权利切实保障和均等实现的重要途径。

资源均等是指包括场所、设施、设备、人才、产品、信息等在内的公共文化服务资源为全体社会成员共同拥有，且在城乡之间、区域之间均等配置、共享共用的属性。其中公共文化设施资源是公共文化服务体系建设的基础，是政府提供公共文化产品和服务项目、开展公益性文化活动的主要载体和基本条件。所有公共文化设施，都应该无条件地向群众开放，接纳群众参加各种活动，为人民群众提供各种文化服务，同时接受人民群众的监督。资源均等是每个社会成员都能公平享受到均等的公共文化服务的前提条件。

浙江省在公共文化服务创新实践中，公共文化基础设施建设和公共文化资源配置始终坚持普惠和城乡一体化的原则，坚持面向基层，尤其是面向农村和城市社区，努力达到公共文化服务资源的均等配置。文化信息资源共享工程是一个资源均等较为典型的例子，在文化部的统一组织下，浙江省全面实施了文化信息资源共享工程，把许多优秀的文化信息和产品资源，包括非常经典的电影、戏曲，精彩的专家讲座、论坛，都放到了数据库里，通过文化共享工程网络，使任何一个共享工程站点的人都可以通过网络进入这个共享工程数据库，享受这些文化资源。

在解决优秀文化人才资源均等配置方面，杭州市群众艺术馆创造性地组建了"杭州市群众文化艺术总团",打造了一个杭州市优秀群文人才集聚和共用的平台,艺术总团下设歌舞团、滑稽剧团、民乐团、越剧团、少儿艺术团、老年艺术团等分团和创作部、演出部等组成部门,各分团由杭州市优秀民营剧团及群众文艺骨干组成,创作部由杭州市群众艺术馆、各区县(市)文化馆业务干部为主要力量组成,艺术团的任务包括创作、辅导、表演等几个方面,各分团还要承担文化下基层等公益性文艺演出任务,艺术团成员与艺术团之间的关系为半紧密型合作关系,艺术团的创作表演成果按"共建共享"的原则,由参与单位和参与者共同享有。

随着社会主义市场经济体系的确立,文化市场日益繁荣,极大地满足了广大人民群众不同层次的、选择性的文化需求,但市场化、产业化的趋势也暴露了另一方面的问题,许多地方尤其是广大农村和经济欠发达地区的群众,由于经济因素难以享受到最基本的文化服务。因此,要加大农村公共文化服务体系建设的力度,切实解决城乡均衡问题,并不断缩小各地区之间人民群众享有的基本公共文化服务的相对差距,实现人民群众基本公共文化服务的均等性,使人人享有基本文化生活保障。公共文化服务体系这种城乡之间达到均衡、地区之间相对差距不断缩小乃至最终达到无差距的属性,就是区域均等。

浙江省公共文化服务创新实践的区域均等主要在体现两个方面:一方面是城市和农村之间的公共文化服务均等。相比较而言,农村的文化短缺,农民群众的看书难、看戏难、看电视难的情况要比城市里面更为突出,浙江在整个文化建设布局中间,农村文化建设放在重头,按照覆盖城乡、结构合理、功能健全、实用高效的总要求,加大建设力度,努力构建公共文化服务设施网络体系,实行定点服务与流动服务相结合的方式,推动公共文化服务向社区和农村延伸,丰富社区和农村公共文化服务内容。2009年,湖州市文化广电新闻局创新开展了"文化走亲"活动,打造开放式"欢乐湖州"活动平台,以满足群众的多层次文化需求。文化走亲就是由各县区(乡镇)自行组织一台综合性文艺节目,开展村际、镇际、县际等文化交流活动,形成多层次、多类别、多样化的基层文化活动新格局。开展文化走亲,促进农村文化区域交流互动。让城里文化下乡,让农村文化进城,不仅丰富了城乡居民的文化生活,而且促进城乡公共文化服务的均等化。另一方面是发达地区与欠发达地区之间的公共文化服务均等。一般来说,欠发达地区的公共文化服务相对落后,需要优先统筹安排资金扶持。在这方面,浙江积极实行不同区域公共文化设施资金灵活调节政策,促进欠发达地区的公共文化设施建设和公共文化服务向发达地区靠拢。宁波市鄞州区乡镇文化站"明珠工程"创建中,鄞州区委、区政府就充分运用了财政杠杆的调节作用,在资金的扶持上较大幅度地向经济欠发达乡镇倾斜,真正体现了人人享受基本文化服务的公平、普享的原则。鄞州区财政按照财政分类口径,对一类(发达乡镇)、二类和三类乡镇按实际资金投入额分别补助 30%、50% 和 70%,这样一来,相同的投入,经济欠发达乡镇可以得到发达乡镇二倍多的补助,大大减轻了经济欠发达乡镇的压力,也相对平衡了不同区域的公共文化服务能力。

群体均等指的是,公共文化服务对象的全体性,即所有的人,性别不分男女,年龄不分长幼,身份不分贵贱,职务不分高低,经济不分贫富,无论属于哪个群体,都可以无差别地享受到所有的基本公共文化服务,而不能有任何种族、身份上的歧视。群体均等要求在设施配置上,从群众文化需求出发,特别要完善面向妇女、未成年人、老年人、残疾人的公共文化服务设施,以针对特殊人群开展特殊的公共文化服务。群体均等强调的是全体社会成员享有大致均等的基本公共文化服务,为特殊群体提供特殊文化服务,关注外籍人士的基本文化需求,切实维护低收入群体、老年人群体、残疾人群体等弱势群体的基本文化权益。

在群体均等中,农民工群体是一个非常特殊的情况,文化部长蔡武曾就全国农民工文化建设情况指出,十三亿人口中有将近两亿人口游离在我们的公共文化服务体系之外,这是一个很大的漏洞。农村公共文化服务体系他们基本上享受不到,而城里的公共文化服务体系离他们又有一定的距离。将农民工文化服务切实纳入公共文化服务体系,保障农民工文化权益已是时不我待。文化部、人力资源和社会保障部、中华全国总工会于 2011 年下发的《关于进一步加强农民工文化工作的意见》明确提出：到 2015 年，我国将形成相对完善的"政府主导、企业共建、社会参与"的农民工文化工作机制，建立相对稳定的农民工文化经费保障机制，农民工文化服务将切实纳入公共文化服务体系。

　　浙江省在公共文化服务创新实践中，积极开展弱势群体文化生活现状和需求调研，努力探索满足各个不同的弱势群体的基本公共文化需求，通过政府购买、补贴等方式，为残疾人群体、老年人群体和城镇农民工等等弱势群体提供相应的免费公共文化服务。大力实施"文化低保工程"，从 2008 年开始实施"彩虹行动"，为全省 11.2 万户农村困难家庭送去电视机，占全省农村无电视机低保户的 74%，并对城乡低保户免除有线电视网络初装费和视听维护费。同时，省财政每年安排 600 万元的困难群众文化活动经费，重点加强对农村贫困人员、老年人、外来务工人员、未成年人等特殊群体的公共文化服务，切实改善弱势群体的文化生活状况。① 浙江省群众艺术馆从 2010 年开始，连续开展新生代农民工、残疾人文化生活现状调查研究，目前已经完成新生代农民工和残疾人文化生活调查研究课题，为政府在解决公共文化服务群体均等性问题上的决策提供了宝贵的意见和建议。同时，全省各地积极安排流动舞台车去经济开发区、建设工地演出，让城镇农民工在忙碌的工作之余，享受到一道道丰盛的文化大餐，娱乐了他们的身心，有利于他们更安心地为当地经济建设作贡献。

二、时代性

　　以全面改善文化民生、实现文化惠民为目标，紧跟经济社会的发展，

---

① 来颖杰：《浙江省公共文化服务体系建设成果》，http://www.zjwh.gov.cn/dtxx/zjwh/2009-11-26/84310.htm。

转变文化发展方式,扩大公共文化产品的生产和有效供给,扩大基本公共文化服务的覆盖面,公共文化服务始终走在时代的前沿,这就是浙江省公共文化服务创新的时代性。浙江省是国内较早将公共文化服务体系建设提上日程的省区之一,经过多年实践,目前全省公共文化服务体系已初步成型,多项指标走在全国前列。浙江省公共文化服务创新的时代性体现在以下三个方面,一是领先性,浙江省有很多公共文化服务的创新之举在全国处于领先地位;二是超前性,当前浙江省的一些公共文化服务建设和理论的创新具有一定的超前意义和前瞻意义;三是传承性,浙江公共文化服务创新并非空穴来风,而是在传承当地优秀传统文化的基础上的创新,是这些优秀传统文化在新时代中的再次升华。

作为具有先发优势的省份,浙江省始终把加强公共文化服务体系建设作为改善民生的重要内容,以农村文化建设为重点,不断加大投入,夯实基础,公共文化服务水平不断提高,公共文化服务创新领先全国。浙江处于改革开放的前沿,较早开始市场化改革,赢得了先发性的体制优势,成为全国市场发育程度最高的省份之一。浙江不仅创造了经济奇迹,而且在公共文化服务建设上探索出了一条创新发展之路。

浙江省委、省政府一直以来高度重视文化建设。早在1999年,在全国率先提出"建设文化大省"的战略目标,出台了一系列加快文化发展的政策措施,文化事业经费支出占财政支出的比重连续八年位居全国第一,为加快构建公共文化服务体系提供了物质保障。覆盖省、市、县、乡、村五级的公共文化设施网络率先基本形成,浙江省11个设区市、90个县(区市)共建成县级以上文化广场、文化中心近300个。西湖文化广场、浙江美术馆、浙江科技馆、浙江博物馆新馆、杭州大剧院、宁波大剧院、温州大剧院、湖州大剧院等一批上规模上档次的现代化大型文化设施相继建成,构成了公共文化设施的主体框架。县级图书馆、县级文化馆、乡镇综合文化站基本实现全覆盖,村级文化活动室的覆盖率达到85%。"文化信息资源共享工程"覆盖农村,基层服务站点4万余个,其中乡镇覆盖率达 100%,村覆盖率 98.5%。[①] 同时,这些设施场馆在开展公共文化服务上的诸多创新之举也是在全国率先进行的,如 2004 年浙江博物馆在全国省级博物馆中率先实行常年免费开放,当年观众量就飙升到 100 多万;2007 年 12 月,浙江图书馆宣布取消借书证年费,是全国率先实行免费开放的省级图书馆,2009 年 5 月,浙江图书馆又在全国率先开通网络图书馆,使城乡居民得到基本一致的服务;杭州图书馆新馆 2008 年 9 月开馆,是国内第一家实现免证、免押金、免服务费的图书馆;杭州数字图书馆率先实现文化信息资源"进家庭,上桌面,入电视,连手机",成为全国第一家同时通过电脑、手机、电视等终端,随时随地提供数字图书信息服务的图书馆。众多的第一确保了浙江省在全国公共文化服务创新领域的领先地位。

浙江城市化水平较高也为公共文化服务创新的超前性打下了良好的基础,这里的超前性指的是,浙江省在公共文化服务创新实践上,公共文化服务的设施建设、公共文化服务的软件建设、公共文化服务的产品生产和提供等,与当前普遍需求相对而言,是属于超前的或是有前瞻意义的。在公共文化服务设施建设上,杭州、宁波、温州等主要城市的投入、覆盖率等都已大大超过当前水平。如"十一五"以来,杭州市各级政府"小文化"领域投入已超过 23 亿元。杭州图书馆新馆、杭州大剧院等27 个设施先进、功能完备、特色鲜明的大型文化设施成为杭城文化新景观,41 个文化特色广场为全市开展群文活动提供了舞台。目前,市级及12 个县(市、区)文化馆均达到国家一级馆标准;创建省、市级"东海文化明珠"工程182 个,覆盖率达 91%;全市所有乡镇(街道)基本建成符合国家标准的综合文化站;建成社区(村)级文化活动室 2521 个,覆盖率达84.9%。全市公共文化设施面积已超过 146.82 万平方米,按 870 万常住人口计算,杭州每百人拥有公共文化设施面积已达 16.88 平方米,按634.6 万户籍人口计算,每百人拥有面积为 23 平方米,已远远超过《浙

---

① 童桦:《创新公共文化服务体系建设》,http://news.sina.com.cn/c/2011-12-01/062023554919.shtml。

江省文化发展"十二五"规划》中提出的"到 2015 年底,每百人拥有公共文化设施 10 平方米"的创建目标。[①]

浙江省还立足制度创新,实现公共文化服务由实践推动向理论与实践推动并重转变,具有前瞻性地建立和完善绩效考核评估体系,使公共文化服务体系建设指标化、项目化、规范化、制度化。浙江省于 2010 年在全国推出第一个农村公共文化服务评估指标体系,在网上开通了浙江省社会文化数据动态填报系统,并通过这套体系对全省各县(区、市)进行了排名。这套指标体系涵盖了政府投入、设施建设、队伍规模、公共服务、社会参与和文化惠民等 7 个方面,共设立了 23 个指标。浙江省以这套体系为抓手,更好地推动全省农村公共文化建设,同时以此为依据,确定"十二五"期间农村公共文化建设的相关指标。

浙江省在公共文化服务创新实践中,善于把传统文化与时代精神结合起来,弘扬主旋律,提倡多样化,注重发挥优秀传统文化的积极作用。安吉县 2008 年启动了中国美丽乡村建设,36 座散落在青山绿水之间的民间艺术展示馆把整个县域打造成了一座没有围墙的"大博物馆"。这些展示馆"一村一品",立足于当地的自然和文化遗存,如报福镇上张村山民文化陈列馆是全县第一个建成的村级文化展览馆。普通的游客可以看到各个时代的农耕用具、生活用具、文化用品、民间工艺品及反映民俗、民风的大量传统的、原始、古朴的实物,还可亲自体验,并品尝自己的劳动成果。

东阳市"百姓文化茶坊"敞开大门,无偿服务,凸显了惠民性,传统文化内涵丰富。东阳"百姓文化茶坊"展示了当地传统民族民间艺术"东阳道情"、"东阳花鼓",同时,还吸纳一些其他的曲艺表演形式,再加上报刊阅览、棋艺竞技等,大大增加了对百姓的吸引力。

从 2008 年起,在"送文化"以外,浙江又启动了"千镇万村种文化"活动,针对农村文化体育队伍现状和农民文化体育的实际需求,因地制宜、

---

① 许英:《杭州基本形成公共文化服务六大体系》,http://www.zjwh.gov.cn/dtxx/zjwh/2011-12-19/114738.htm。

分层分类对农村文体骨干进行培训辅导。它的最终目的,是要让农民成为文化的"主角",而非简单的"送戏下乡"的观众,不但要让农民成为文化产品的享受者,也要成为文化产品的生产者,通过自我创造、自我展示,达到自我价值的实现。根据要求,各地不但要对舞蹈、音乐、戏剧、曲艺、器乐、书法、美术、摄影等大众文化项目开展培训辅导,而且也要结合地方特色,开展舞龙、灯谜、剪纸、皮影、陶艺、木偶等农村传统民间民俗文体项目的培训辅导。

三、创造性

创造性是浙江公共文化服务创新的一个本质特征。这里所说的创造性,是指浙江省在公共文化服务创新实践中,或提出公共文化服务前所未有的新见解、新主张、新方法,或在其他省市的公共文化服务创新成果上继续挖掘、完善,并且在实践中付诸实施的一种创新属性。近年来,浙江省不断创新公共文化服务的体制机制,增强公共文化服务产品和服务供给,以满足全体社会成员日益多方面、多元化、多层次的文化需求。在公共文化服务创新的创造性方面,浙江有很多自己的特色,比如说新昌县"星期三"文化下乡、慈溪市"文化明珠企业"建设、云和县玩具文化研究室、海宁市农村文化阵地建设、嘉兴市城乡一体化图书馆建设等等。浙江公共文化服务创新的创造性可以用八个字来概括,即"开拓、延展、新颖、独特"。

开拓就是指在总结新的实践经验基础上突破原有的框架,形成一种全新的公共文化服务体系建设理念,并将这种理念在实践中付诸实施。这种理念是以前从未有过的,而且不同于一般意义的公共文化服务创新,它是在一定程度上是开创了公共文化服务的一个新的阶段,具有重要的实质性进展。比如2007—2008年浙江省海宁市开展了农村文化阵地专职管理员招聘工作,在全市182个行政村230个村级文化阵地招聘专职管理员333名,每年投入资金446余万元,在全国率先实现了农村文化阵地专职管理员全覆盖,使农村文化阵地长效管理工作取得了新的突破,这一做法受到国家文化部、浙江省委宣传部高度关注和充分肯定,新华社、《光明日报》《中国文化报》以及《浙江日报》等中央和浙江省级众多新闻媒体也竞相对这一创新工作进行了报道。海宁市农村文化阵地专职管理员招聘工作,是对农村文化阵地长效管理做出的一次大胆尝试和有效探索,探索的过程中,海宁农村文化的各项工作都取得了显著的成效。海宁县的开拓性创新得到普遍认可,继浙江省海宁县之后,2009 年,在对农村文化资源使用情况综合调研的基础上,北京市延庆县开始在大榆树镇开展了村级专职文化资源管理员队伍建设试点工作。又如宁波市鄞州区按照"人人享受文化"的目标,构建完善"政府采购、公司运作、全民享受"的公共文化服务常态化机制,加大文化演艺产品的供给,全面繁荣城乡文艺舞台,做到"周周有定期演出,月月有品牌剧目,重大节日有大型活动"。通过政府采购、政府补贴等方法,2009 年安排 670 场次演出活动,力求实现公共文化演出服务的全覆盖,基本形成政府、市场联动推进公共文化服务的新格局。

　　延展是一种二次创新,就是在既有公共文化服务框架内的创新,是对公共文化服务的内涵和外延进一步进行拓展、深化和完善,从而使公共文化服务的创新达到一个新的境界。浙江省在公共文化服务创新实践中,延展创新的例子非常多,其中嘉兴市城乡一体化图书馆探索创新就是一个典型。嘉兴市在吸取了全国各地图书馆"总分馆"建设先进经验的基础上,首先创造性地跳出了城区分馆建设的窠臼,开创性地完成了农村乡镇图书馆建设模式的探索。从 2003 年起,嘉兴市积极探索加强图书馆体系建设,在不断发展市图书馆事业、推动区图书馆建设的同时,进行了一系列的调查研究,最终探索了一条在统筹城乡发展思想指导下建设城乡一体化新型公共图书馆服务体系的发展道路,所谓新型服务体系,是"构建以市、县级图书馆为中心,以乡镇分馆为骨干,以村(社区)图书室和图书流动车为基础,以企业、学校、部队等其他系统图书馆联合加盟为补充,覆盖全市、城乡一体、功能完善、资源共享、管理规范的公共图书馆服务体系。"2007年,余新镇和王江泾镇的乡镇分馆建设试点工作正式启动。试点成功后,嘉兴下辖的五县(市)乡镇分馆的建设工作于2008年全面启动,并取得了初步阶段的成功。在形式上,"嘉兴模式"与国外的"紧密型总分馆"达到了类似的效果,这一突破,打破了国内图书馆界学者关于"一级政府打造一个总分馆体系"的狭隘结论,指出在中国现行的财政体制和行政体制之下,存在着实现总分馆制度的可能性,这极大地推动了国内图书馆学总分馆理论研究,也为拓展图书馆事业、提高图书馆公共服务水平开辟了新的内容。嘉兴的乡镇分馆建设并没有照搬国外的总分馆制度,而是根据嘉兴的实际情况创造性地实行"三级投入,集中管理"的体制,构建起一个能打破城乡二元结构的公共图书馆服务体系。

新颖,是指首先开展的公共文化服务内容与形式的创意和实践。与开拓创新不同,新颖创新不一定要有重大的创新和改变,但必须是新的、首次出现的。浙江省公共文化服务创新实践中,新颖创新比比皆是,在各个领域都有这样的例子。可以说,新颖创新是浙江公共文化服务创新的一个最普遍的特征。比如浙江省新昌县推行的"星期三"文化下乡创新服务,为提高公共文化产品、公共文化服务项目和公益性文化活动的服务效益,新昌县从2007年起按照"政府主导,社会参与,长远规划,分步实施,明确责任,形成合力"的原则,把"星期三"文化下乡和各方联动活动的整个过程作为切实转变机关作风的有效途径与契机,以改进服务观念,提高服务本领,在创新形式和内容上注入新鲜活力。"星期三"文化下乡创新了公共文化服务方式,大力推进了乡镇文化、社区文化、村落文化、民俗文化建设的联动长效机制,统筹了城乡文化资源,促进了公共文化服务方式的多元化、社会化,从而开创了基层公共文化服务的新局面。杭州群众文化网的网上预约配送平台,在全国也属于首创,其由政府采购、公益性群众文化机构实施的数百场演出以菜单的形式,按月逐批上挂群众文化网,供各基层服务点选择,这种新颖的送文化模式可以让基层群众得到更加适合自身的公共文化服务内容。2007年舟山市定海区文化部门紧扣"热爱定海、赞美定海、唱响定海"主题,启动唱响定海·全民 K 歌大赛,全民 K 歌赛作为一项新兴的基层文化活动,优势在于短期参与人数众多、氛围浓厚,尤其是以网格为单位的参赛方法,极大地提高了群众的参与热情,具有较强的新颖性。

独特,就是指超越固定的、习惯的公共文化服务方式,以不为一般人所有的、超乎寻常的、特别的角度和观点来开展公共文化服务活动和开发公共文化服务产品。独特创新的基本特征往往和地域特色相关联,所以这种创新在一定程度上难以复制,推广也需要有类似的基础。在浙江省公共文化服务创新实践中,独特性创新层出不穷,使浙江公共文化服务创新呈现出百花齐放、千姿百态的局面。如浙江省慈溪市开展的"文化明珠企业"建设,2004 年年底,慈溪市就提出创建"文化明珠企业"这一创新观念,把村落文化宫创建的成功经验,运用到企业文化建设中来。从 2005 年开始,"文化明珠企业"创建活动在慈溪市全面铺开,截至 2008 年年底,慈溪市已先后建成命名文化明珠企业 79 家,全市上下基本形成了"你追我赶、良性互动"的创建氛围。"明珠文化企业"有效地实现企业职工的文化权益,对于提高企业职工整体素质,加快企业全面发展,促进效益和谐新慈溪建设,都起到了至关重要的作用。浙江省云和县图书馆特设玩具文化研究室,也是一个结合当地实际的非常独特的创新。玩具文化研究室创建于 2000 年,已积累十多年的运行经验,目前有 200 平方米的服务空间,包括样品陈列展示厅和设计室。该室的创建主动力来源于主导产业对文化的求助与呼唤,同时启迪于西方图书馆源头的大英博物馆——图博合璧的运行模式,博物馆与图书馆孕育于同一母体,这种基于产业创新服务的玩具文化研究室,在公共文化服务中独具特色。衢州市衢江区根据新农村建设要求和人民群众日益增长的文化需求,结合本乡实际情况,将有限的资源综合利用,以农村小店为依托,建立村口图书阅览点,为村民阅读提供方便,极大地丰富了村民业余文化生活,为推动农村公共文化服务体系建设提供了有效载体。

四、科技性

科技性是浙江公共文化服务创新的又一鲜明特征。随着计算机技术的广泛应用和网络技术的推广和发展,电子政府和网上办事大大缩短了公共文化管理者和公众的距离,提升了公共文化管理者和公众沟通和互动的能力,大大提高了公共文化管理的效能,促进了社会整体的协调发展。浙江公共文化服务创新中,大量运用计算机技术、网络技术、数字技术等新科技,有效依托新兴媒介对优秀传统文化进行数字化处理、网络化传播,来提高公共文化服务效能的属性,就是科技性特征。浙江公共文化服务创新的科技性特征主要体现在公共文化服务平台网络化和公共文化服务资源数字化这两个方面。

公共文化服务平台网络化实际上是政府和公益性文化服务机构在网络上构建新的公共文化服务平台的过程,在这个过程中,履行公共文化服务职能的网上政府和网络机构应运而生,并逐渐成为公共文化服务的重要平台。浙江省在公共文化服务创新中,大力推进文化传播手段与机制的创新,加强文化数字化建设,深入实施文化共享工程,积极开展"网络图书馆"、"网络文化馆"、"网络博物馆"、"网络剧场"等覆盖全省、方便快捷的数字文化服务网络的建设。

2007年12月,浙江承办了"2007全国群众文化网络建设论坛",通过了《全国群文网站联盟倡议书》,开始在全国倡导网上文化馆(群艺馆)建设和网上群众文化互动模式,之后多次成功举办全国、全省网上群文活动,为开拓网络群众文化活动,提升浙江公共文化服务效能打了良好的基础,开辟了崭新的天地。2009年5月,浙江网络图书馆开通运行,通过整合浙江省文化信息资源共享工程和全省公共图书馆的传统文献和数字资源,为广大读者和遍及全省的文化信息资源共享工程基层服务点提供了一个"一网通、一站式、全天候"的在线图书馆。

杭州市更是创造性地构建了"杭州市群众文化服务网",将市文化馆和 13 个县区文化馆网站集成一起,打造了全市统一的群众文化网络服务平台。杭州群众文化网主要具备两方面功能:一是配送功能,这也是该网站的主打功能,即由政府买单,由群众文化机构实施的公益文化活动,都将以服务菜单的形式在网上公布,并通过网站专设的申请通道,按网站基层服务点的点击需求安排配送;二是信息服务功能,通过全市群众文化设施信息网上查询系统,方便群众了解查询各类群众文化设施的所在位置、功能、活动内容、开放时间等相关信息,从网站可以浏览演艺、影讯、展讯、书讯、讲座等各类文化活动信息。

公共文化服务平台网络化为浙江公共文化服务创新提供了新的动力和支点,成为公共文化服务体系建设的重要部分,同时也有效地推动了公共文化服务的均等化。

文化资源数字化是当今世界的大势所趋,欧盟委员会就在 2011 年 10 月向欧盟各成员国建议进一步努力共享资源,并动员私人力量做好文化资源的数字化工作,以使更多人能够通过欧洲数字图书馆接触到欧洲文化作品,从而了解和认知欧洲的文化遗产,并通过此项目促进欧洲创意产业的成长。经过前几年的努力建设,2011 年,文化产业已成为浙江数字化的最高领域,与此同时,浙江省公共文化服务资源数字化也大步向前,取得了非常显著的进展。如浙江省财政在文化信息资源共享工程专项资金中每年安排 400 万元用于资源建设,采购了超星数字图书馆、读秀知识库、万方数据、维普中文科技期刊、龙源人文电子期刊、央视教育视频库等资源库。在公共文化服务资源数字化中,浙江省自建了一批包含地方戏曲、家谱、民俗文化、历史人物、新农村建设、传统食品等方面内容的地方特色数据库,总共有 27 个,如良渚文化系列数据库、畲族文化数据库、山水永嘉资源库等等。这些资源通过浙江网络图书馆平台,全省各级公共电子阅览室均可使用。

另外,浙江各地的一些公共文化服务机构也都分别建立自己的特殊资源数据库,作为一种补充,使浙江公共文化服务数字化资源更加丰富,而且也更有特色。如杭州市在杭州群文服务网上分类逐步建立杭州市群众文化人才、节目(作品)、业余文艺团队、群文设施设备等资源库,并实现上述资源库的数字化管理。嘉兴市充分利用现代网络技术、现代物流系统,实现了区域内资源和活动的优化整合和高度共享。分馆读者通过预约、物流、一卡通等方式能够阅读到嘉兴地区的所有文献资源,通过共享工程访问全国、省及嘉兴的数字资源,通过馆际借书得到上海、浙江等兄弟馆的文献服务。

资源数字化通过两大途径到达广大农村,一是网络图书馆让广大农村群众得到公共文化服务,二是各种实物形态的数字文化产品下乡,给农村群众送去丰富的公共文化服务产品。如 2007 年浙江省文化信息资源共享工程"数字文化"下乡启动,在全省文化信息资源共享工程各级中心开通万种电子图书的阅读账号,赠送包括 26 种 DVD 光盘、100 多种 VCD 光盘,内容涵盖农村实用技术、京剧等的"数字文化"大礼包,让数字化公共文化服务产品在农村扎根发芽。①

---

① 本文中所援引数据和实例,除特殊说明外,均来自浙江省公共文化服务创新奖项目材料。

第五章 浙江公共文化服务创新分析

浙江公共文化服务工作创新,是一个通过探索浙江公共文化服务的新理念、新内容、新形式、新机制、新理论,适应新环境的变化和新形势的挑战,从而不断完善公共文化服务体系的过程。我们将浙江公共文化服务创新定义为建立的新关系、提供的新服务、服务的新对象、采用的新做法、利用的新理论等,它们必须对公共文化服务体系及其重要受益者的感知产生显著影响。基于上述观点,我们将浙江公共文化服务创新的类型划分为五类:服务理念创新、服务内容创新、服务形式创新、服务机制创新、理论研究创新。

一、服务理念创新

公共文化服务理念作为一种公众价值观和舆论导向,不仅充分反映了地域人文素养及社会概貌,更是激发公共文化服务体系可持续发展和科学发展的活态基因,应在文化建设中居于核心地位。创新公共文化服务理念,对于促进全省经济发展和精神文明建设,改造社会风气,改善投资环境,提高人民群众的文化素质,乃至扩大浙江文化知名度,都起到提纲挈领的作用。

(一) 着眼于服务目标的确立与实施

近年来,随着经济发展水平的提高,社会综合实力的提升,各级政府对文化工作的重视程度不断加深,公共文化服务理念创新也被提到了前所未有的高度。这种创新是公共文化服务开展前期的一种行为,包括确立全新的服务对象、打造全新的服务内容、计划全新的服务形式、制定全新的服务机制等。在政府部门角色和作用被重新界定的形势下,政府部门与公众的关系逐渐转化为服务者和被服务者的关系,这就要求我们必须以服务公众为中心,以公众的需要为导向,确立提供服务的内容、形式、标准、制度等,保证服务的质量,不断提高公共文化服务的效益。因为公众的满意与否直接体现了公共文化服务的实际状况与公众期望值之间的差距,直接关系到公共文化服务体系的建立、完善。只有在以服务者的身份定位时,才会主动确定目标,为实现公众利益不断进行创新。

嘉兴市南湖区、慈溪市坚持超前谋划,切实增强了对创新工作的前瞻指导。嘉兴市南湖区利用当地良好的群众性歌咏活动基础,敢于探索,乐于提炼,勇于实践,于2003年确立打造"歌城"品牌的目标,力求传承与发展结合,普及与提高并驱,连续举办了九届"南湖合唱节",做到届届有提高、届届有创新、届届有收获。经过多年的培育,合唱节不仅成为嘉兴南湖的文化品牌,更成为公众积极参与文化的平台。在人口只有几十万的嘉兴市南湖区,如今遍布着120多支合唱团队,在城市社区、农村乡镇、机关学校形成了"无处不飞歌"的独特风景。现如今,"南湖合唱节"的舞台越来越大,层次也越来越高,在国内外都拥有较大的影响力和知名度,"歌城"成为推介南湖区的一张金名片。而慈溪市是浙江非公有制经济相对发达的地方,全市共有非公有制企业28000余家,总资产超过500亿元,年销售超千亿元,企业职工总数超过60万人。在2004年底,当地文化部门提出创建"文化明珠企业"这一新课题,把村落文化宫创建的成功经验,运用到企业文化的建设中来。从2005年开始,"文化明珠企业"创建活动在全市铺开。文化明珠企业创建工作以教育培训、舆论宣传、书报阅览、健身娱乐、综合活动、信息交流这"六大阵地"为主要内容,创建企业着力完善文化软硬件设施。截至2008年年底,慈溪市已先后建成命名文化明珠企业79家,全市上下基本形成了"你追我赶、良性互动"的创建氛围。经过几年创建工作的开展,慈溪市在摸索中走来,在经验中成长,创建方式得到了逐步完善,也总结出了一套企业文化建设的创新亮点。从上我们可以看出,在推进文化事业发展中,公共文化服务是现代政府必不可少的任务。它对于维护社会的公平和公正,实现社会的均衡和稳定,提高人的素质,建设和谐社会,具有十分重要的意义。所有公共文化服务都必须对社会公众特别是基层全面开放,让社会全体成员普遍享用。这种在确定创新目标后做出的有益尝试,从公众的角度出发,改变了"官本位"的思想,让公众自由选择,让公众充分表达,提高文化工作的有效性。

(二) 立足于服务观念规划与承继

服务观念规划与承继,即通过将已有观念重新组合,或者拆分,或者添入新的元素再次组合而产生的创新。其可以来自公共文化服务本身,也可以根据自己所处领域的特点,将其他行业的服务观念修正后移植过来。近些年来,浙江文化部门抓住有利时机,实施一系列促进文化发展的有力举措,引导公众参与文化活动,在共享文化建设成果的实践中不断推陈出新,全省呈现出文化活动丰富多彩、文艺团队蓬勃发展、群众参与热情高涨的局面。

海宁市继 2004 年实现农村文化阵地全覆盖之后,先后开展了"农村文化活动年"、"农村文化阵地管理年"、"农村文化繁荣年"、"农村文化阵地规范管理年"和"农村文化成果展示年"活动。但在实际管理中,当地文化部门却发现原有的管理员队伍普遍存在老龄化问题,且学历低、无特长,无法充分发挥农村文化阵地的功能和作用,阵地管理工作相对滞后。为此,海宁市于 2007 年开展广泛深入的调研,多次召开座谈会,听取市、镇(街道)、村(社区)有关人员的想法和建议。经过总结与思考,并结合日常阵地督查工作,针对农村文化阵地管理存在的症结问题,开展了海宁市农村文化阵地专职管理员招聘工作,在全市 182 个行政村 230 个村级文化阵地招聘专职管理员 333 名,在全国率先实现了农村文化阵地专职管理员全覆盖,使农村文化阵地长效管理工作取得了新的突破。

义乌市的"文化专家联百村"活动是在全市实施"农村、社区、企业文艺骨干系列培训"和"千名文艺骨干培训工程"取得一定成效基础上推出的一项举措。文艺骨干的才艺需要平台来发挥,而农村文化建设恰恰缺乏专业人员的指导、辅导。"文化专家联百村"活动为这两方面的需求搭建了桥梁,极大地促进了农村文化的繁荣。2007 年,义乌市组织了百余名具有各类文艺特长的骨干,组成了 13 个专家小组,分别赴各地开展文化服务,先后举办了"文化专家联百村精品大赛"、"新农村建设文艺精品大赛",进一步深化"文化专家联百村"活动的成果。据不完全统计,目前,义乌市有 120 个村 200 余支文艺团队得到了专家小组的指导,深受广大群众的欢迎和好评。政府作为公共文化服务的主体,要认识到向公众提供公共文化服务是其必须承担的职能。然而,公益性的文化也不能仅仅靠政府来办。通过政策引导,培育社会文化主体,调动企业、社会团体及个人的积极性和创造性,也是政府部门的责任。诸如海宁市、义乌市这类观念承继性的创新就是在这样的认识之下应运而生的。只有这样,公共文化服务的理念才有更多从传统模式中解放出来的可能,并为全社会所认可。

(三)致力于服务意识的交流与突破

随着社会主义市场经济进一步成熟,浙江各项文化事业的蓬勃发展、各类文化实践的层出不穷、各种文化艺术成果的不断涌现,既增添了前进的信心,又带来了新的压力和挑战。时代在变,环境在变,人民群众的精神文化需求也随之发生变化。在这样的背景之下,文化部门在公共文化服务方面不再囿于单一、固定的做法,通过分析、沟通,发现公众新的需求,不断将新的思路引入到服务中,众多服务意识的交流与突破随之产生。

东阳市自 2008 年 7 月起深入基层进行调研,最终决定将坐落在商贸集聚的十字街附近的清代古建筑"一经堂"打造成融休闲娱乐、报刊阅读、学习教育、交流沟通、非遗传承于一体的"百姓文化茶坊",充分利用"一经堂"古建筑的原本结构,开辟"艺苑茶坊"和"雅趣茶坊"。第一进主厅设置表演小舞台用于曲艺表演,周边设置竹椅观众席 200 座,便于公众观看曲艺演出。主厅的四周厢房设置单间茶室,便于公众品茶、交流。第二进厅堂 21 间厢房分别设为图书室、报刊阅览室、书画创作交流室、象棋室等,便于公众进行阅读、研究、对弈等修身养性休闲活动,以亲近百姓。"百姓文化茶坊"免费提供茶叶开水、茶具,由专职人员负责日常工作。公众可以自由进出,自由阅读、自由活动、自由欣赏、自由交流,一律免费。茶坊坚持每周二至周日的下午、晚上对外开放。迄今,已举行东阳道情、花鼓、戏曲演出 80 场,开展书画交流 10 次,戏曲创作交流 3 次,共接纳百姓 17000 余人次,社会效益良好。

创新是一项系统而长期的任务,坚持以创新精神来推动公共文化服务更是任重而道远。面对公众,我们要充分发挥文化单位的带动作用和辐射作用,跳出传统模式,拓宽已有空间,壮大现有力量。同时,既要整合自身的力量,又要实现共建共享,通过纵向联动、横向联动、区县联动等方式取长补短,提高文化资源的利用率,加强服务意识的交流,提升公共文化服务整体水平。

(四) 注重服务认知的深度与广度

注重服务认知,就其本质而言,即对原有公共文化服务体系中的职责和功能进行重新审视和认识,也就是根据经济社会发展的需要来判断、选择和确定原有的职责哪些需要保留或转移,哪些需要增加或减少,原有的文化行政功能哪些需要强化或弱化,哪些需要开发或取消等等。在消费经济生活迅速增长的今天,公众生活结构逐渐优化,生活质量全面提高,因而也对公共文化服务的内容和水平也提出了更高的要求。在今天这样一个文化功能被充分挖掘、经济社会发展和公众越来越离不开文化的时代,我们对文化的认识也理应更加深刻。

丽水市青田县是著名的石雕之乡、华侨之乡、名人之乡。因文化底蕴深厚,文化资源丰富,于 1996 年被文化部授予"中国民间文化艺术之乡"称号。青田石雕、青田鱼灯和刘伯温传说先后被列入国家级非物质文化遗产保护名录。作为知名侨乡,青田县无论在民间还是官方与世界各地的交流都非常频繁。当地文化部门深刻领会到"越是民间的越是世界的"这一艺术规律,立足自身特殊的历史、地理、文化背景,做起"文化出口"业务:以重大文化活动为平台,把中国民族民间文化不断推向国外,打响青田民间文化品牌;以青田华侨社团为纽带,力促民间艺术走出国门,让中华传统文化在国外广泛流传;以民族民间文艺展演为契机,逐步创造条件,广泛吸引老外参与,增强中西文化交流,增进华人与当地人的友谊和感情,起到政府外事部门都起不到的作用,逐步让青田的民间文化走出国门,让世界人民领略到青田文化的风采。在这一实践中,当地政府和文化部门增强责任感、紧迫感和使命感,深刻认识到了政府公共文化服务创新的社会价值、人本价值和文化价值。

二、服务内容创新

服务内容创新是浙江公共文化服务工作创新的有机组成部分,浙江各级文化部门为适应社会发展要求,从服务内容创新入手,开展了多项文化建设实践,在增强文化创新力、人民群众基本文化权益保障力、文化影响力等方面实现新的突破,使文化事业建设取得新的全面进步,建立了与全面小康相适应的文化发展格局。

(一)以紧扣时代特征为基础,推进服务内容创新

经济基础决定上层建筑。公共文化服务体系的发展受到整个社会发展水平的制约与影响。随着社会经济条件的变化,政治体制和经济体制的调整和文化事业自身的发展,公共文化服务体系建设也经历了一个不断适应、调整、发展的过程。当今公众生活结构逐渐优化,生活质量全面提高,对公共文化服务的需求日益增强。这就要求文化部门不断更新知识结构,提供符合时代特征的公共文化服务,引导广大人民群众科学文明地参与文化活动。

设立于云和图书馆内的玩具文化研究室英文名为 Toy Library,创建于 2000 年,已积累十年之久的运行经验,目前有 200 平方米的服务空间,包括样品陈列展示厅和设计室。玩具文化研究室顺应产业升级的内在需求,依托中国木制玩具城,根植于收藏,着眼于研发,延伸于科普。玩具文化研究室建立起一张立体交响网络思维的主题词分类表,系统收藏古今中外木制玩具经典代表作品,动态处理玩具、辩证反映玩具文化;利用馆藏和网络信息资源,尝试用大文化聚焦主导产业的创意实验,从扩大制造能力到扩大制造权力,走上了设计化生存的文化战略之路;作为云和县科普活动中心的示范基地,用玩具这种最好的教材来开发民智、孵化创意、培育人才,面向企业、学校、机关、部队举行"玩具文化讲座",主持以"玩具模型制作"为内容的"云和县科技夏令营",被喻为"一座充满理想、充满智慧的文化创意工场"。而衢州市非物质文化遗产大型展示会将现代创意与传统文化完美结合,在一场传统文化盛宴里引入了诸多的最新时代理念,赋予传统文化更强的生命力。展厅采用了"鹦鹉螺"的造型布置,取其螺旋造型和活化石的深刻寓意,同时避免了传统展示的视觉乏味和一般文化展示的枯燥印象,给观展者一个崭新的视角。展示方式没有局限于一般的图文展示,而是引入现场互动,采用了动静态相结合的展示方式,将文化底蕴深厚的制作技艺立体地呈现给观众。这样的互动方式彻底打破了一般展示会的静态模式,以最直接、最生动的方式让人们产生了切身感受。在展示会中,标注有衢州市六个县(市、区)的非遗代表项目的"非遗魔方"和以红黄绿三种颜色绘制严谨的非遗项目分布图成为展示会的亮点。展示会充分利用衢州丰富的非物质文化遗产资源和抢救保护的丰硕成果,营造了良好的非物质文化遗产保护氛围,提高了全社会保护非物质文化遗产的意识。

时代在变,观念在变,公众的精神文化需求也随之发生变化。公共文化服务承担着十分重要的社会服务功能,具有全民性和健康文化价值的导向性。只有不断完善基础服务,提高服务水平,将原本"无序、模糊"的服务内容变得"有序、具体",才能创造更多文化需求,为提高全体人民的科学文化素质和思想道德水平提供良好的文化环境,避免和消除非主流文化的负面影响,促进经济发展和社会全面进步。

（二）以深化文化内涵为支撑,推进服务内容创新

公共文化作为文化的特殊范畴,有着自己特定的内涵,文化的特殊魅力在于对社会公众、国家发展有着深刻的影响,文化以其全面而深远的综合因素,使得公共文化服务具有更为深远的价值与意义。公共文化服务创新不是单纯提供公共文化场所和设施开展群众性文体活动,更要注重通过公共文化服务来进行群体意识、公共观念、共同文化价值体系的培育,这是社会发展过程中更高层次的文化诉求。

温州市少年儿童暑期读书月活动围绕"读书增强素质,读书强盛中华"的主题,倡导"快乐成长,阅读为伴"的理念。在暑假中开展全市范围的少年儿童读书月活动,旨在进一步发挥公共图书馆在青少年思想道德建设中的作用,搭建学习交流发展的平台,在全社会营造有利于青少年成长的良好阅读环境,丰富少年儿童的暑期文化生活。读书月活动共策划、组织、开展了包括"我的图书馆"、"演讲与口才"、"读书沙龙"、"能工巧匠"、"书香家庭"、"阅读表演"、"广场活动"、"读书夏令营"、"非遗零距离"、"延伸服务"十大板块的精彩活动,各类活动共计135场,共有近10万人次直接参与了暑期读书月活动。以书目推荐、阅读沙龙、故事会、朗诵、课本剧表演、图书馆体验、夏令营活动、才艺展示、知识竞赛、辩论赛、手工制作、讲座、展览、征文、图书捐赠、好书互换、评优选优等丰富多彩、少年儿童喜闻乐见的形式,实现了"文化资源共享化、宣传造势整体化、阅读形式多样化、少儿参与广泛化、读书活动特色化、服务手段人本化、社会效益最大化"的目标。

杭州市上城区成立群众文化规范组织——上城区文艺团队联合会,团结了346支业余文艺团队、9800多名文艺爱好者。其中,街道分会110支,共4942人;直属队伍36支,共2633人;社区有200支,共2200余人,成为浙江省第一个正规化、合法的县区级文艺团队联合会。文艺

团队的队员们通过文化艺术聚集在一起，给城市添点"和谐"、给队员添点"实力"、给活动添点"激情"、给团队添注"新血液"、给政府添座"桥梁"、给邻里添滴"润滑剂"，在充满乐趣的文艺创造中，身心得到愉悦，自身得到提高与发展。种类繁多、动静结合的文艺团队涵盖了群众文化的方方面面，成为综合多元的复合体，是草根文化的拓展与提升。它吸收了多种文化的长处和各个行业的人才，来自社会各个阶层、长期活跃基层的他们有着丰富的现实生活经历、源源不断的创作源泉，在上城区文化馆精心辅导下，该文艺团队真正成为人们在职业之外，自我娱乐、自我教育、自我开发的群众性文化组织。

可以说，进入新世纪以来，浙江各地文化部门投入更多时间、精力，积极打破数十年工作模式形成的惯性思维，在挖掘公共文化服务内涵上下功夫、做文章，服务的量与质均有明显提升，给人以鲜明的印象，不断满足公众日益增长的精神文化需求。

（三）以提升惠及面为核心，推进服务内容创新

文化工作者的出发点与落脚点是丰富公众的精神文化生活，但也不能否认不少地区的公共文化服务存在着这样的现象，偏重一枝独秀，忽视百花齐放。一个有新意的举措若只能在小范围内产生效益，受益群众有限不说，其效果也只能是昙花一现。于是，现在文化部门提供的公共文化服务往往更注重服务范围的外延，不单只考虑到点上的成绩，更关注面上的效果，使公共文化服务创新更加完善。

宁波市鄞州区针对镇级文化事业在辐射带动村级文化事业方面力不从心，致使农村公共文化服务体系出现断层的问题，于 2007 年 12 月实施"公共文化明珠镇创建工程"，在全区各镇乡（街道）扎实开展以构建镇级文化组织网络体系、阵地设施体系、文化活动体系、辅导培训体系和考核评估体系为主要内容的五大公共文化服务体系建设，使镇级公共文化与经济社会的发展、与广大人民群众日益增长的文化需求相适应，使全区基层公共文化建设形成以镇级"明珠工程"为中心，辐射和带动村级

"星光工程"的格局,全面构筑"十五分钟文化圈",从而最终达到"人人参与文化,人人享受文化"的目标。

金华市浦江县是文化部正式命名的"中国书画之乡",书画氛围浓郁。农村文化和书画产业是浦江县较为注重的两项工作,如何让书画这一高雅艺术走进普通群众,特别是广大农民的参与,形成书画产业强大的基础,成为摆在政府面前的重大问题。2006 年,为进一步发展浦江书画产业,当地政府举办了首届浦江书画展销周,其核心项目是"当代画家现场创作博览交易会"。后每年连续一届,在每届展销会上,有来自北京、上海、山东、江苏、广东甚至黑龙江、辽宁、云南等全国各地百余位书画家参展,观众人海如潮,出现了"人挤人"的现象,交易十分火爆。每届均有几位书画家的个人交易额达 10 余万元。参展画家纷纷感叹像浦江这样县级市的书画市场全国罕见。

当公众可以自由选择服务内容的时候,供给与需求就对接了,也会促进供给者的自身调整和改革。对公共文化服务范围实行政府层面的引导,是政府文化职能行使过程中一项重大的创新,可以更好地以政府行为引导大众文化消费,鼓励、推动面向公众的文化产品的创作、生产。随着财政对公共文化服务投入的不断增大,公共文化服务运作的范围延展,明确显示了政府职能由办文化向管文化的角色的转变,成为公共文化服务的策划人和促进者。

(四) 以创新题材为补充,推进服务内容创新

现代社会,多元文化的共生和多层次文化消费是市场经济和人类文明发展的结果。经济主体的多元化和文化主体的多元化相伴而生,文化传播方式的透明、快捷和开放,改变着人类传统的文化依赖,人们的思维方式、道德信仰也不再盲目,不再被动。因此,公共文化服务必须创造富有新意的题材,被大众主动接受、认同,真正体现文化的人本价值。浙江公共文化服务在题材创新中突破文化主管部门主办文化活动的格局,进一步突出公众在公共文化中的主体地位,真正实现其基本文化权益。

在互联网普及的今天,杭州市群文配送服务利用网络平台、以菜单形式为公众提供免费预约服务显得格外有创意。最初出现在群文配送服务菜单上的有包括歌舞、滑稽、杂技、越剧等不同艺术门类的多台演出。随着配送服务的深化,更是把由全市相关群文业务干部和部分文化艺术专家老师组成的文化培训辅导师资与下辖歌舞团、滑稽艺术团、民乐团、铜管乐团、越剧团、少儿艺术团、中老年艺术团、腰鼓团等八个分团和创作部、演出部两个直属部门的群星艺术团纳入全市群众文化人才资源和创作力量整合平台,让群文配送服务的菜单更丰富,让基层服务点选择的内容更多,更使整个资源整合的平台形成一种"合作互补"的群文创作格局。而湖州市的"文化走亲"则是由各县区(乡镇)自行组织一台综合性文艺节目,开展村际、镇际、县际等文化交流活动,形成多层次、多类别、多样化的基层文化活动新格局。通过"选亲、招亲、结亲、留亲"等"文化走亲"活动,打造开放式活动平台,激发县区、部门、单位和群众主动参与的积极性,形成多元活动主体,促进城乡文化互动。目前,"文化走亲"分四个层次开展文化交流活动:一是依托乡镇,开展乡镇之间的文化走亲;二是组织村、社区之间的文化走亲;三是县(区)域之间的文化走亲;四是"走出去"、"送进来",与省级媒体合作举办文化活动,扩大文化影响力。同时,引进专业文艺团队开展高雅艺术巡演。通过"文化走亲",极大激发了乡镇、部门、单位和群众主动参与的积极性,形成多元活动主体,促进城乡文化互动。

有别于传统的公共文化服务题材,由前期政府向文艺团队下订单到政府向公众点菜单再到公众主动准备活动,这一探索实践无疑是可贵的。随着形势的发展,社会环境的变化,城乡形成了传统和现代、求知和娱乐、本源文化和外来文化等多元格局,公众对文化产生了新的需求。在公共文化服务面临更多市场筛选的今天,努力去创造并为群众提供适销对路的文化产品和文化服务,应该是政府文化部门生存发展的必由之路。

三、服务形式创新

一般而言,公共文化服务体系建设包括两大组成部分,一是基础设施建设、资金投入等客观条件,二是人才队伍培育、活动品牌构建等主观因素。对基层公共文化服务形式加以创新,充分发挥其在两者之间的衔接协调作用,进一步保障广大人民群众的基本文化权益,是浙江公共文化服务领域相当关注的问题。近年来,浙江立足公共文化服务形式,以点带面,凸显特色,通过服务视角、模式、手段、途径等多层面的创新,进一步构建惠及城乡的公共文化服务体系,全省群众文化事业取得了长足进步,开辟了基层文化工作的新天地。

(一)服务视角的转变

1. 将创新公共文化服务形式,作为促进区域经济发展的内在动力

近年来,浙江经济发展迅速,工业化、市场化步伐大为加强。随着社会资源结构、区域结构、产业结构的不断调整,经济发展与原先相对稳定的群众利益格局之间难免产生竞争、冲突,反对征地、阻挡项目建设等群众应激反应逐步显现,人民内部利益矛盾呈现出多发态势。全省各地在积极应对的同时,也充分依托公共文化服务形式的创新,发挥文化的感召力量,一方面有针对性地编排了大量宣传政策的优秀文艺作品赴矛盾核心地区巡演,另一方面依托基层群众文化品牌,将群众作为活动主角,通过节目展演、团队竞争、作品编创等多种形式加以培育,促使其自编、自导、自演、自评、自赏,共享基层文化,充分满足群众释放情绪,实现自我追求的强烈愿望,引导群众以平和、客观的态度解决问题,最终使项目建设得以顺利进行。"十二五"期间浙江经济的发展,必然涉及工程建设、土地征用、拆迁安置等与群众利益紧密相关的工作。在经济发展中

98

妥善化解人民内部利益矛盾,必须坚持将创新公共文化服务形式与党委、政府中心工作有效地结合起来,充分挖掘文化在经济发展中的功能和作用,不断增强人本意识、效率意识、服务意识、法治意识、公平意识、开放意识,建立起与经济发展相适应的社会文化环境,这不仅是"十二五"期间浙江公共文化服务形式创新的总目标和总方向,更是促进浙江经济长期快速、健康地发展的内在动力。

2. 将创新公共文化服务形式,作为推动社会和谐稳定的有效支撑

就社会这一情理与法理交织的综合体而言,单纯依靠法律、法规等客观因素进行约束、监督,显然远远不够,且存在着成本过高、评判尺度难以把握等问题。法律、法规在主观领域的力量缺失,需要道德、价值观等元素予以调解拓展,有助于整个社会的稳定和谐。针对这一情况,舟山市定海区借助公共文化服务形式的创新,以高密度、主题化的全民娱乐活动"唱响定海"为载体,充分运用基层文化品牌在基层的参与度和关注度,并融合"网格化管理、组团式服务"新型基层管理模式,将公共文化服务渗透到居民网格单元内。群众的兴奋点被成功地从麻将桌、是非场中转移到健康积极的文艺活动中来,20年的邻里隔阂在同台演出中冰释,上访骨干转变为文化带头人,基层矛盾在文化活动中化解,促进了网格之间、新老居民之间、军民之间的认知了解和感情融合,从而从创新公共文化服务形式的角度,证实了文化是推动社会和谐稳定不可或缺的力量。也就是说,创新公共文化服务形式,最终落脚点在于通过对文化资源、文化品牌等文化工作要素的展示和开发,构建与人民群众需求相适应、与区域文化底蕴相辉映的文化事业,促使文化与其他各项社会事业的发展速度保持一致,切实保障群众基本文化权益,逐步引领群众摆脱落后的观念和习惯,把文化发展提升到促进交流、倡导文明风尚、共建美好家园的层面上来,进一步使隔阂和不稳定因素得以解决在基层、消除在萌芽状态,促使社会凝聚力、向心力、亲和力在文化发展中逐步增强。

3. 将创新公共文化服务形式，作为实现群众全面发展的必然选择

根据马斯洛需求层次理论（人的需求分成生理需求、安全需求、社交需求、尊重需求和自我实现需求五类，依次由较低层次到较高层次），当低层次的物质需求基本得到保障后，中高层次的精神文化需求将占据人一生中所有需求的绝大部分，是人自我实现和全面发展的主要方面。因此，实现全省广大基层群众的全面发展，不仅要关注其物质需求的满足程度，还要从文化和精神的层面出发，着眼于全省人民整体素质的提升。这不仅是文化惠民的有效举措，也是科学发展观在文化领域的重要实践。其具体方法是，通过采取积极稳妥的方式，进一步指导、建设、创新公共文化服务形式，将积极向上的舆论导向和健康文明的生活方式带入基层，满足广大人民群众日益增长的文化需求，使群众在欢声笑语中接受社会公德和乡土文化教育，切身体会到群岛新区建设发展成果，促使基层群众明辨真善美、假恶丑，发挥价值观应有的调节作用，重点形成与传统文化相衔接、与时代要求相适应的共同理想，在鼓舞人心、陶冶情操、提升素质等多个层面促进浙江人民的全面发展，从而为"十二五"期间浙江经济社会的开发建设提供精神动力和思想保证。

（二）服务模式的更新

1. 从单一服务走向多元服务

公共文化服务的创新效应能否充分体现，取决于群众对该项服务的接纳程度和受惠程度。以往公共文化服务通常由政府部门单方面提供，群众虽为受益人，但自主选择服务内容和方式的余地较小，导致文化服务与群众需求易出现偏差，基层参与热情受到一定影响。近年来，浙江公共文化服务逐渐从单一服务向多元化发展，根据群众需求实行"点单式"服务，为政府意愿与基层参与的无缝对接提供了实践范本。湖州市自 2008 年起开展"文化走亲"活动，以"选亲、招亲、结亲、留亲"等方式为载体，由各县区（乡镇）自行组织一台综合性文艺节目，开展村际、镇际、

县际等文化交流活动,形成多层次、多类别、多样化的基层文化活动新格局。仅 2009 年上半年,全市五个县区共有 40 个乡镇组织本区域文艺团队开展乡镇间交流演出 80 场,参与演出文艺节目 900 个,参与演员 1620 余人次,吸引观众 10 万余人次。从而成功打造开放式活动平台,激发县区、部门、单位和群众主动参与的积极性,形成多元活动主体,促进城乡文化互动。

2. 从有偿服务走向志愿服务

随着群众文化事业不断发展,基层文化需求和审美品位均呈现出高层次、多样化趋势。政府主办的公共文化服务已远远不能满足广大人民群众对文化多样性和差异性的需求,而社会上具有一定文化技能和素养的个体希望实现自身价值和参与文化服务的意愿也越来越强烈。公共文化服务急需寻找一种新的发展模式。文化志愿者这一强化人力保障、扩大服务范畴的公共文化服务模式应运而生。文化志愿者服务活动在舟山、宁波等地均有开展,主要体现了一种结构独立、组合多元的新型组织模式。其以个人或小团体为基本单位,既可分散在基层各自开展形式多样的公益文化服务,又可根据不同活动主题进行搭配重组,为大型节庆、培训活动提供综合文化服务,最大限度地拓展基层文化服务惠及面,实现有限资源的充分利用和共享。文化志愿服务活动为公共文化服务体系的完善,特别是乡镇(街道)、社区一级文化服务组织模式的优化提供了人力保障,有效缓解了社区、乡镇(街道)一级举办文化活动时常遭遇的人力、财力问题。文化志愿服务活动发展至今,已初步形成"纵横结合"的基层文化服务体系。纵向以区文化新闻出版局成立的服务总队为主体,乡镇(街道)文化站、相关区级单位组织的服务分队为骨干,基层社区设立的服务小组为重要补充力量;横向以文艺人才储备库为基础调配专项服务队,就近开展服务。这一服务模式的更新,不仅吸引了一大批富有文化素养和服务意愿的专业人士参与到基层文化活动中来,成为社会主义文化建设的有生力量,而且突出群众的主体地位,实现了群众从文化享受者到享受与生产并重的角色转变。

3. 从有形服务走向网络服务

受服务内容和侧重点不同的影响,以往公共文化服务多以个人和小团队为单位开展,运作体系相对封闭。沟通交流往往集中在小团体内部,形式多为单一的口口相传,公众对服务信息、意见建议快速交流、反馈较为困难。为应对这一问题,浙江公共文化服务开始有意识地从有形走向网络模式,充分运用先进的技术、传播手段拓宽沟通渠道,构建多维立体化的交流网络。如杭州市创建了"杭州市群众文化服务网",打造全市统一的群众文化网络服务平台。其主要具备三方面功能:一是配送功能,这也是该网站的主打功能,即由政府买单,由群众文化机构实施的公益文化活动,都将以服务菜单的形式在网上公布,并通过网站专设的申请通道,按网站基层服务点的点击需求安排配送;其二是信息服务功能,即从网站可以浏览演艺、影讯、展讯、书讯、讲座等各类文化活动信息;其三是文化中介服务功能。同时,在杭州群文服务网上分类逐步建立杭州市群众文化人才、节目(作品)、业余文艺团队、群文设施设备等资源库,并实现上述资源库的数字化管理。网络服务密切了文化部门与受众之间的联系,向全社会展现了公共文化服务的动态和充沛活力,吸引更多群众关注文化、关注文化服务。

(三)服务手段的丰富

1. 创新构建方式,完善基层文化设施

公共文体设施作为开展公共文化服务的物质载体,主要包括由各级人民政府或社会力量建设,向公众开放用于开展文化活动的公益性图书馆、博物馆、美术馆、文化馆(站)、影剧院、文化广场、体育场、体育馆等。其不仅是城市品位的标志和象征,也是构建公共文化服务体系的刚性要求。浙江把不断完善文化基础设施建设作为创新公共文化服务形式的一项实事来抓,各地正视建设用地指标、资金及管理体制调整等客观条件制约,坚持但求所在、不求所有原则,给予一定文化补贴及优惠政策,集企业、社区、群团之力,引导基层群众充分享用文化基础设施。在设施

建设上积极倡导实用理念,一改以往亭台园林式的建设风格,尽可能多地为基层群众留出公共文体活动场地,扩大文化实用功能。宁波市鄞州区公共文化明珠镇创建工程着眼镇级综合文化站硬件设施建设,要求建成整体性、综合性、多功能文化中心,A级面积不少于1200平方,B级面积不少于800平方,拥有综合文体活动室、图书馆、培训室、排练厅、展览厅等,并对各馆、室、厅内部配置提出了比较高的标准。同时还要求建有集现代化影剧院、多功能室内球馆和游泳池、网球场、休闲公园、固定舞台的特色文化广场等设施于一体的室外活动场地,进一步夯实乡镇(街道)文化服务体系创新的发展基础,完善与群众需求相适应的公共文化服务体系硬件环境。

2. 创新活动载体,打造基层文化品牌

群众文化活动是公共文化服务体系的重要组成部分,也是人民群众参与文化建设、分享文化成果的主要途径和方式。随着群众文化事业进一步发展深入,基层审美品位、评价标准呈现出高层次、多样化趋势。凸显区域特色,实现基层文化活动品牌化,已成为满足人民群众日益增长的精神文化需求,提升公共文化品质的必由之路。具体说,就是在充分利用好现有设施和资源的同时,把重心放在满足基层群众文化审美品位高层次、需求多样化上,结合党委政府中心工作,打造等基层文化"金名片",凸显群众性、草根性、公益性、创新性特色,同时充分展现基层文化品牌的社会附加值。近年来,湖州市"文化走亲"打造开放式"欢乐湖州"活动平台、嘉兴市秀洲区"新农村嘉年华"、义乌农村文化节等基层文化活动品牌不断深化,细化基层群众的地域、年龄、兴趣等各类需求,从源头上理顺服务的宽度和方向,不仅推动了群众从文化享受者到享受与生产并重的角色转变,还弘扬其在自我服务过程中流露的互帮互助、共倡文明风尚等和谐要素,把美德引进家庭、把文明融入生活、把教育渗透到基层群众日常生活的方方面面,大大激发了基层群众文化热情,实现了公共文化服务形式的创新。

3.创新培训方式,扩大文化人口比率

社会主义文化大发展大繁荣新形势下,社会对文化需求日益呈现出多样性和差异性,而经济社会的进步发展又使得文化在社会民生方面的作用越发凸现。浙江将不断提升基层群众文化爱好和素养作为关注文化民生、保障文化权益的重要举措,创新培训形式。舟山市定海区推出"百姓课堂"群众文化公益培训,依托"文化志愿者"平台,综合运用文化馆业务干部和文化志愿者的师资力量,突出群众的主体性地位和公共文化的公益性特点,采用全免费、全自愿、全方位和有求必应的方式,为群众提供文化艺术培训辅导,形成文化馆"定点课堂"与基层"移动课堂"相结合的"百姓课堂"群众文化公益培训模式,无偿为群众提供文化普及培训和专业提升培训。着重做到:一是按需培训。按照"群众需求,志愿者所能"原则实行"点单式"服务,根据文化受训者的成长规律和培训需求,分级分类、形式多样地开展培训,激发群众学习的内在动力和潜能,增强培训工作的针对性和实效性。二是注重质量。面向全区的社会各界爱好、从事文化宣传工作人士,努力创造人人接受培训、人人得以提高的条件,根据不同培训对象要求,制定切实可行的培训计划。坚持从严治学,加强培训管理,严格考核制度,实现培训规模和质量的统一。三是改进创新。努力适应经济社会和党的宣传事业快速发展的需要,满足基层群众日益增长的精神文化需求,积极探索文化公益培训的新途径、新办法,不断创新培训内容,改革培训方式,完善培训机制,整合培训资源,运用现代培训技术,实现了有偿性向全免费、固定时间向全天候、固定门类向全方位、固定课堂向全覆盖的四大创新。该项目自2009年推出以来,累计举办各类培训1500余场次,受益达2万余人次,有效解决了群众就近、便捷享受公共文化服务和公共文化产品有效供给的问题。

4.创新编创方式,彰显典型示范力量

浙江依托地域文化和深厚的群众基础,深入挖掘乡土文化独特魅力,致力于促进各艺术门类的创新和发展,力求创作出一批弘扬主旋律、富有鲜明时代特征、真实反映人民群众现实生活、催人奋进的群众文艺

作品,运用典型示范力量推动公共文化服务的创新。其特色主要体现在:着力加强专业文艺工作者的编创水准,准确把握社会主义先进文化方向,在文艺创作上不断发现新情况,汲取新经验,提出新思想,构建新理念;在作品的主题、内容、形式、传播方式等各个方面进行不断创新,增强时代性,兼顾不同层次、不同文化背景、不同地域人群的文化口味及文化需求,实现文艺创作的多元化;在特色上保持全民性、草根性、娱乐性,同时依靠强有力的宣传媒体,重点关注本地区优秀传统文化、基层群众的服务需求、现实的生活实践和基层群众自身创造等环节展现出来的闪光点,并以此为围绕相对集中的主题展开创作,并将其作为一个长期项目加以实施,充分发挥其生命力,提高群众对公共文化服务体系的认可和拥护程度。特别是注重聚焦公共文化服务过程中涌现出来的生动典型,寻找舆论兴奋点,巩固、激发、提升基层群众参与文艺作品创作的热情。

(四) 服务途径的拓展

1. 以转变服务重心为基础,深化群众主体地位

即从强化基层文化服务对象的主观能动性入手,力图改变各级政府部门在以往公共文化服务体系建设过程中大包大揽的工作方式,将主动权下沉到基层,把工作重点放在指导基层理清工作思路、激发参与文化建设内在动力和解决其无力解决的难题上,增强服务对象自身的组织实施能力。全省各地在实施基层文化服务途径拓展中所采取的一系列措施均以此为宗旨,采用传、帮、带等形式扶持基层文化,在方案策划、宣传发动、活动举办等方面给予积极指导,逐步建立组织指导、统筹协调、资源优化等外来服务在群众内部的流通机制,促使基层文化服务的重心由组织型向组织和指导管理型并举型转变,依托服务对象自身的力量和意愿,推动基层公共文化服务途径的拓展创新。

2. 以做精服务品牌为核心,统筹各类文化资源

对于广大人民群众而言,文化品牌的构建力度和影响程度,是评价基层公共文化服务途径创新成果最直接、最有效的标准之一。通过做精服务品牌来创新公共文化服务途径,其推动作用强劲,但难度很大。就公共文化服务体系建设的各个要素来看,构建服务品牌的综合性更强,不仅需要品牌自身有理论、有组织、有实践、有创新,还必须依托规划意识和精品意识的支持。浙江从统筹各类文化资源入手,重点关注本地区优秀传统文化、基层群众的服务需求、现实的生活实践和群众自身创造等环节展现出来的闪光点,主打少量品牌,围绕相对集中的主题展开基层公共文化服务途径的创新,并将其作为一个长期项目加以实施,充分发挥其生命力。

3. 以完善服务细节为补充,构建集约式创新模式

由于基层公共文化服务对象和基础资源具有相对稳定的特性,因而拓展基层公共文化服务途径需要在一定的布局内展开,通过完善服务细节,加强细节的统筹规划,以区域性、多样性、多层次错位服务拓展创新空间容量,构建"集约式"的基层公共文化服务途径创新模式。以定海区"唱响定海"系列基层文化活动为例,它围绕"全民参与"主题开展基层公共文化服务途径创新,2009 年推出"唱响定海"全民 K 歌赛,引爆了一场草根音乐秀,2010 年又举办了"唱响定海"魅力网格才艺 PK 大赛,比拼范围、参与方式、人员数量均有所扩大,在财力、人力、物力投入均相对稳定的情况下,实现了品牌辐射带动效应的逐步放大,推动基层文化服务的创新向纵深发展。

四、服务机制创新

(一)管理机制的深化

近年来,浙江各地坚持"资源共享、优势互补"的思路,进一步整合优化文化资源、文化品牌、文化服务等文化工作要素,通过政府、企业、社会等多方面力量的有序扶持,不断探索新形势下文化建设的表现形式,创

新文化载体,充分挖掘文化在引导基层群众自身发展中的功能和作用,建立健全了公共文化服务长效管理机制。

1. 积极建立领导责任机制

即发挥各级党委、政府的主导作用,加强公共文化服务整体规划建设,及时研究制定有关政策措施,明确服务的具体范围、措施和目标。如宁波市鄞州区坚持将"公共文化明珠镇创建"作为乡镇新农村建设的重要指标,明确各创建单位成立公共文化建设领导小组,出台方案,细化实施规划和进度,在建立健全镇级文化工作目标责任制、岗位责任制等制度的基础上,要求做到"五纳入",即:文化事业建设纳入党政工作议事日程、文化阵地建设纳入城镇建设总体规划、文化工作纳入村干部考核内容、文化活动和图书购置经费按每人 10 元以上标准纳入镇财政预算、镇公共文化阵地和公共文化设施纳入文化站统一管理。

2. 积极建立符合文化发展特色和规律的工作运行机制

发挥政府文化部门的组织协调作用,及时掌握文化事业各项工作开展情况,主动与各有关部门加强沟通与联系,各司其职,各负其责,共同协作,形成共同推进文化事业发展的合力。浙江各地普遍建立联席会议制度,统一协调工作,同时依托基层群众自身的力量和意愿,完善工作细节的统筹规划,形成工作区域、形式、层次相互交错、互为补充的"集约式"长效工作运行模式。如嘉兴市在城乡一体化公共图书馆服务体系的建设过程中,建立了联席会议制度,市政府专门成立了市政府领导牵头、由市委宣传部、市发改委、市财政局分管领导和两区分管区长、市区二级文化主管部门和市图书馆负责人组成的公共图书馆服务体系的联席会议制度(乡镇镇长根据需要列会),实现了图书馆服务体系的建设主体与管理主体的统一,保障了"紧密型总分馆"的管理和运行,使得服务体系的领导机制、推进机制、保障机制、监督机制和管理机制基本形成,解决了中心图书馆"集中管理"的合法地位,为完善公共图书馆服务体系奠定了基础,达到了运行上的创新。

3. 积极建立资源共享机制

在政府主导的前提下,深化市场运作,打破资源分散、封闭和垄断的状况,发挥各文化活动中心、博物馆、图书馆、艺术馆、文化馆、艺术院校、艺术表演团体、科研等单位人才队伍和资源优势,加强资源综合集成、优化配置,最大限度发挥现有资源的潜能。杭州市在探索群文运行机制创新中,尤其注重围绕实现区域内文化资源联动共享,探索区域文化设施共享机制。主要包括:建立全市群众文化设施信息网上查询系统,方便群众了解查询各类群众文化设施的所在位置、功能、活动内容、开放时间等相关信息;开展区域文化设施共享试点工作,以部分城区为试点,探索区域内公共文化设施、各部门各企事业单位内部文化活动场所的整合利用、共建共享机制;建立"周末十五分钟文化活动圈",在全市已开展的周末特色广场文化活动的基础上,充分利用城区各社区小型广场和小区公园等室外文化活动场所,以全市业余文艺团队为主要力量,在每周末开展形式多样的小区文化活动,从而广泛吸纳有关学术研究机构、大专院校、企事业单位、社会团体等各方面力量,提高现有各级各类文化设施使用效率为目标,为方便群众就近、经常参加文化活动提供了便利。

(二) 服务职能的优化

随着公共文化事业不断发展,基层文化需求和审美品位均呈现出高层次、多样化趋势。就广大群众而言,文化活动无疑是公共文化服务从理论到实践的转换实体,在其文化生活中占据着举足轻重的地位。新形势下,浙江各级文化主管部门,尤其是基层文化部门服务职能的优化,紧紧围绕文化惠民这一主要趋势,在服务过程中不断激发群众文化参与性,发挥群众文化创造性,使群众居于文化主体地位。我们以舟山市定海区"唱响定海"大型文化活动为案例,通过对群众主体性和草根性的把握实现公共文化服务职能的优化和转变,从而将基层群众纳入社会主义核心价值观体系,促进社会的和谐稳定。

1. 注重把握群文草根属性

草根属性是群众文化的土壤和根源,也是群众文化枝繁叶茂的基础所在。"唱响定海"大型群众文化活动在策划之初,便将"本土草根、全民互动"作为指导思想。以文化馆(站)为主要平台,旨在提供"贴近实际、贴近生活、贴近群众"的基层文化服务,在免费开放背景下弘扬草根文化。活动把立脚点放在为广大人民群众服务上,重视培育群众渴求的文化,并从活动规则上降低参与门槛,大胆采用免费参赛、免费服务、免费观赏以及宽口径、高密度相互补充的构建形式,将定海居民、部队官兵以及外地在定海的工作者吸引到活动中来,力求活动参与面拓展到最大限度。赛事吸引了各路"达人"齐聚舞台,飙歌、灰雕、书法、剪纸、独角戏、立体裁剪、吹墨画、舞蹈、弹唱等各项才艺轮番登场,传统、时尚、婉约、奔放多种风格各显神通。同时,"吹、拉、弹、唱、跳、走、剪"等一批富有浓郁海洋文化特色的民间艺术绽放异彩,平日难得一见的"独门绝活"纷纷登台亮相,充分满足和调动基层群众自编、自导、自演、自评、自赏、共享基层文化的良好风气,以高参与率实现文化共享。

2. 注重提升群众主体地位

群众主体性与草根属性紧密相连,共同构成了基层文化活动必须坚持的根本原则。公共文化服务职能优化的本质与关键,在于强化"本土性、草根性、全民性、互动性"特色。浙江以文化馆(站)的免费开放为着力点,精心策划,转变相对单一的基层文化活动组织实施策略,走出了一条"政府搭台、群众主体、社会(企业)参与"的基层文化工作新路子,最终体现为群众文化活动参与度和主体地位的大幅提升。在政府的正面引导下,"唱响定海"改"送文化"为"建平台",将主动权下沉到基层社区乃至居民网格中去,通过社区、街道海选—区级层面复赛—决赛层层递进的形式,引导群众主动投入赛事,实现了群众从文化享受者到享受与生产并重的角色转变。同时把工作重点放在指导基层理清工作思路、激发参与文化建设内在动力和解决其无力解决的难题上,深入诠释了"免费开放"的制度内涵,适应和满足了不同层次、不同文化背景、不同地域人群的文化口味及文化需求,加强了群众文化发展的驱动力量。

3. 注重紧扣党政中心工作

培植共同理想,形成与传统文化相衔接、与时代要求相适应的社会主义核心价值体系,坚持将文化活动和党委、政府中心工作有效地结合起来,充分挖掘文化在经济、社会发展中的功能和作用,是政府主导下免费开放的重要价值目标之一。"唱响定海"大型群众文化活动主动融入党委政府的中心工作,在丰富基层群众"家门口"的文化生活,拓展基层文化服务覆盖面的同时,将活动内涵提升到促进交流、倡导文明风尚、共建美好家园的层面上来,促使基层文化活动成为广大人民群众提高综合素质、实现自我追求的过程,进一步使隔阂和不稳定因素得以解决在基层、消除在萌芽状态。而大型群众文化活动与党委政府中心的紧密结合,恰恰从整个社会层面保证了活动的影响力,有利于形成领导重视、群众支持、保障到位、运行畅通、全区"一盘棋"的工作格局,助推公共文化服务与政府管理的融合共赢。

(三)服务模式的优化

党的十七大把文化建设与经济、政治、社会建设纳入"四位一体"整体推进,既强化了文化的主体地位,更要求我们不断拓展工作视野,主动把文化发展放在经济社会发展的大格局中来思考与谋划,放在服务党委政府中心工作和社会民生的主旋律中来推进。浙江各地进一步以服务模式创新为依托,丰富文化服务内容,拓展文化服务领域,取得了一些行之有效的实践经验。

1. 乡镇综合文化站建设"余杭模式"

加强乡镇综合文化站机构设置和人员配备建设,是健全农村公共文化服务体系的重要环节,是农村文化建设的重要内容,也是推动农村文化繁荣的重要抓手。近年来,余杭区委、区政府在乡镇机构改革中进一步加强了文体机构建设,基本形成了"健全机构,强化队伍,提升素质,完善考核"的发展模式,被称为"余杭模式"。其主要做法是:其一,明确在全区乡镇机构改革中,综合文化站是必设机构之一,属公益性事业单位,正科级,经费实行全额拨款,同时根据文化部早些年出台的《文化站管理条例》确定其工作职能,较好地解决了文体机构与其他非同类部门混合设置的问题;其二,配足配好文化干部,19个镇乡(街道)文体服务中心配备专职文化干部都在2名以上,最多的乡镇达到5名,基层文化队伍建设做到了"机构不撤、职级不减、人员不少",为推进新农村文化建设打下了扎实的基础;其三,注重提升文化干部素质,采用选调和社会公开招考的形式,并加强对其的管理和业务培训,提高专业化程度和业务素质;其四,在对乡镇、街道进行年度工作实绩和任期目标考核中,把文化建设作为单独一个考核项目单列出来,其中文体机构设置和人员配备是文化建设考核的重要内容。目前,余杭全区基本实现了乡镇综合文化站全覆盖、可持续、有保障、惠百姓的建设目标。至2008年年底,全区已拥有省、市级"东海文化明珠"镇乡(街道)16个,80%的村(社区)建成文化村和文化社区,拥有上等级的业余文体团队101支,文化示范户100户,区、镇乡、村三级公共文化网络基本形成。

2. 城乡一体化公共图书馆服务体系建设"嘉兴模式"

"嘉兴模式"是以强化县级图书馆为着力点,以乡镇分馆建设为切入口,经积极探索而形成的"政府主导,统筹规划;三级投入,集中管理;资源共享,服务创新"为特点的城乡一体化公共图书馆服务体系建设模式。它是以市、县级图书馆为中心,以乡镇分馆为骨干,以村(社区)图书室和图书流动车为基础,以企业、学校、部队等其他系统图书馆联合加盟为补充,覆盖全市、城乡一体、功能完善、资源共享、管理规范的公共图书馆服务体系。它切实解决城乡居民"借书难、看书难"问题,保障城乡居民基本的文化权益,让全市人民共享社会进步、文化发展的成果。其特点包括:第一,城乡图书馆高度融合。城乡图书馆之间一卡通行,图书通借通还,书目统一检索,传统文献服务与数字信息服务相结合,初步实现了"普遍均等、惠及全民"的公共图书馆服务理念;第二,资源高度流通与共享。图书产权属于市图书馆,由总馆统一配置,在城乡图书馆之间实现无障碍流动,同时,通过物流,嘉兴市馆和五县(市)二区公共图书馆近300万册图书资源得到了高度流通与共享;第三,服务内容丰富。市图书馆的展览、活动、读者培训、政府信息公开等已向乡镇延伸和拓展,同时,嘉兴把乡镇分馆的建设与全国文化信息资源共享工程基层点结合起来,在乡镇分馆内实现了远程检索和浏览功能,城乡共享相同的数字资源,改变了传统图书馆服务手段单一的状况;第四,高水平广覆盖。乡镇分馆建设的高标准、高水平和全覆盖以及村(社区)图书流通站的全面建设,使得嘉兴覆盖全市、城乡一体、功能完善、资源共享、管理规范的公共图书馆服务体系基本形成。

五、理论研究创新

浙江公共文化服务实践是不断解放思想、求真务实、敢为人先、积极创新的过程,它为浙江公共文化服务理论研究提供了丰富的研究实体,推动了理论研究的发展。一直以来,浙江高度重视公共文化服务理论研究工作,在全省范围内建立起了理论研究创新的工作机制,以更加自觉的精神、更加饱满的热情、更加有为的态度从事理论研究,以理论研究创新推动公共文化服务,充实了公共文化服务创新的内涵,开创了公共文化服务创新的新局面。

(一) 科学性

1. 坚持以理论创新推动工作创新,逐步形成理论研究的整体框架

20世纪80年代初兴起的浙江群众文化研究,在全国率先进行群众文化学基础研究,开创了国内群众文化学研究的先河,研究成果《群众文化学》、《群众文化辅导学》、《群众文化管理学》等专著被作为中央电视大学的教材,对于当时蓬勃兴起的群众文化起着积极的引导作用。进入新世纪后,浙江公共文化服务不断创新,推动着群众文化理论研究不断深

入。从农民工文化建设到群众文化品牌建设,从文化馆(站)免费开放,到公共文化服务体系制度设计研究,浙江群众文化理论研究团队以高度的使命感,紧密关注浙江公共文化服务,承担起繁重的课题研究任务,及时探讨公共文化服务发展中遇到的问题,总结公共文化服务创新经验,为浙江的文化创新实践提供理论上的引导。2006年起,浙江省文化馆理论调研信息中心王全吉、周航组织全省调研干部,进行"浙江百村农民文化生活现状调查"、"浙江百县文化馆现状调查"、"浙江百个乡镇文化站建设现状调查"和"浙江改革开放三十年群众文化发展研究"等系列课题研究,出版《浙江新农村文化报告——来自118个行政村农民文化生活的田野调查》、《浙江100个文化馆创新报告》、《浙江百镇综合文化站发展研究》、《浙江改革开放三十年群众文化发展研究》等专著,其中《浙江新农村文化报告》(上下册)获文化部第十四届"群星奖",新华社等新闻媒体分别刊登在《半月谈》、《中国文化报》等报刊上,在全国产生一定的影响。2011年,省文化馆王全吉参与文化部全国文化干部业务培训教材的编写,参与编写的《全国文化馆(站)干部业务培训大纲》一书,2011年底由北京师范大学出版社出版发行,其主编的《文化馆(站)服务与管理》一书即将出版。文化馆(站)业务培训教材的编写出版,推动全国公共文化服务专业化和规范化,有力地促进公共文化服务深入开展。

2. 在理论研讨活动中实现了理论研讨与解决实际问题的有机结合

浙江公共文化服务理论研究工作者坚持立足实践开展理论研究的工作方法,紧紧围绕中心工作,立足公共文化服务创新实际,立足于服务党委政府的决策,将理论研究与解决实际问题有机结合起来,使公共文化服务创新从理论和实践两个层面上都得到了进一步的提高。2003年由宁波市群众文化研究专家陈民宪在全国率先提出"15分钟文化圈"建设,并从列宁的著作中找到理论的依据,"人人享受文化"的公共文化服务理念,随即体现在宁波市文化建设实践中。宁波市着力构建"十五分钟文化圈",在中心城市和县(市)区建设了一批满足区域群众文化需求的文化设施,逐步建立了市、县(市)区、乡镇、行政村四级公共文化服务网络,为城乡居民享受公共文化服务提供必备的空间。宁波首倡创建"十五分钟文化圈",引起广泛关注,它体现了公共文化服务的本质特征,让公共文化服务从以往的节庆化向日常化转变。可以说,实事求是总结文化工作经验,直面公共文化服务创新中存在的问题,提出破解问题的对策和建议,始终贯穿于浙江公共文化服务理论研究创新的全过程。针对文化馆免费开放这个热点问题,浙江群众文化理论界组织文化论坛进行专题讨论,与会论文作者普遍认为,要抓住免费开放这一文化馆发展的重要机遇,树立文化馆公益性的社会形象,通过自身平台和社会媒体来加强文化馆免费开放的宣传;要确保免费开放的服务质量,创新服务内容、服务手段和服务方式,要建立反馈机制,与群众形成互动;同时建立免费开放的应急保障制度。浙江群众文化理论界利用每年一度公共文化论坛这一载体,不断创新公共文化服务理论研究,努力保持公共文化服务理论研究的活力。

3. 在理论研究活动中用科学的认识论和方法论来解决实际问题

在理论研讨中,浙江省文化理论研究工作者始终坚持的一个原则,同时也是一个有效的工作方法,就是与时俱进,用科学的认识论和方法论来解决公共文化服务创新中的实际问题,将认识论和方法论有机地统一在一起,创新公共文化服务理论研究,引发了理论研究队伍对公共文化服务创新观念和工作模式的新思考,推动了浙江省公共文化服务创新的进一步发展。审视这多年来浙江公共文化理论研究的轨迹,我们可以清晰地看到其开拓创新、与时俱进的理论品质。针对文化站工作中存在的某些不按群众文化工作发展规律的倾向,浙江群众文化研究者金才汉提出要坚持以科学发展观为指导,深刻理解和准确把握乡镇综合文化站的性质、职能、任务,深刻理解和准确把握推动社会主义文化大发展、大繁荣的重大使命,用科学理论、科学方法、科学精神、科学制度,把科学发展观的深刻内涵、基本要求渗透到乡镇综合文化站工作的各个方面、各项工作和各个环节,实现文化站自身科学发展。当免费开放成为文化馆、文化站热点话题,朱伟等研究者从系统论的角度,概括和探究文化馆站免费开放的深刻内涵,指出必须创新公共文化服务运行机制,利用有效载体整合公共文化资源,推进开放式的公共文化服务资源共享和综合利用,做到人力资源体系化、数字文化网络化、联动服务实效化、保障管理规范化,满足群众多样化、个性化的文化需求,树立起公共文化服务的品牌形象,达到社会效益的最大化。

(二) 系统性

1. 研究队伍建设呈现梯队化

这里所说的理论研究群体,一方面要有人数不算少的在全国有影响的文化研究者,另一方面要有代表性的研究成果。1978 年以来,我国计划经济逐渐向市场经济转型,经济迅速发展,文化事业不断发展,全省群众文化理论研究工作敏锐地抓住社会发展阶段文化所要关注和急需解决的问题,针对性地提出研究内容,进行研究和专题研讨,产生了文化理论研究的第一代群体,这个群体以郑永富、陈民宪、金天麟等为代表,撰写和出版了一批群众文化理论研究成果,在全国群众文化系统产生了较大的影响。进入新世纪后,浙江省继续做好群众文化理论研究队伍建设,组织全省中青年群众文化理论骨干培训班,邀请专家学者进行讲课,开阔研究视野,通过行之有效的论文加工会等形式,提升中青年理论骨干的研究水平,发展壮大群众文化理论研究队伍,逐步建立起了梯队化的群众文化理论研究骨干队伍,涌现了周航、王全吉、金才汉、黄霞芬、阮静、朱伟、潘力峰、李华、金笑、黄放、徐晓阳、贾建良等一批中青年理论骨干,在公共文化服务理论研究工作中发挥了积极作用。

2. 理论研究方法呈现规范化

与社会学等学科相比,无论是学科发展历史,还是学科的国内外影响来说,公共文化服务理论研究是一门年轻的学科。在较长时期,公共文化服务理论研究大多以定性研究为主,阐述特定时期文化现象产生的基础、特征、作用等,研究涉及的范围较广,定量的研究相对较少。近几年来,浙江公共文化服务理论研究方法,已经逐渐从定性研究过渡到定性与定量研究相结合,并产生了一些比较优秀的理论研究成果,如被收录在省社科联民生攻关协作课题报告集中的《2006年浙江百村农民文化生活调研报告》、收录在《2007年浙江文化蓝皮书》的《杭州市社区居民文化参与度调查报告》(周航)。研究方法上的规范化进一步提高了浙江群众文化理论研究水平。

3. 理论研究内容呈现深度化

进入新世纪以来,浙江公共文化服务研究从各自的论文写作,开始转移到群众文化理论课题研究中来,呈现出良好的发展态势,其主要的文化研究实践便是荣获全国第十四届群星奖服务奖的"浙江百村农民文化生活调查"课题及课题成果《浙江省新农村文化报告——来自118个行政村农民文化生活的田野调查》(上、下册)。近些年来,全省群众文化研究者共同努力,成功实施"浙江100个文化馆创新实践研究"、"浙江百镇文化站现状调查"、"浙江改革开放三十年群众文化发展研究"等一系列课题研究,出版了《浙江100个文化馆创新实践研究》(周航、王全吉主编)、《浙江改革开放三十年群众文化实践研究》(王全吉、周航主编)等著作,此外还涌现了《中国嘉善田歌》(金天麟)、《浙江群众文化品牌研究》(金才汉等)等不少研究专著。这些研究专著,不仅从全省地域范围内对群众文化工作进行系列的调查研究,还从历史发展的视角对浙江群众文化进行回顾与思考,研究呈现深度化的特点。

(三)反思性

1. 关注前沿问题,探讨热点问题

浙江群众文化研究者认识到,要抢占公共文化服务创新理论研究的制高点,就必须进一步提高对公共文化服务前沿研究重要性的认识,加

强公共文化服务创新的基础理论研究,关注战略机遇期的公共文化服务建设,研究全球化、城市化与非物质文化遗产保护,探讨网络时代公共文化服务创新的路径选择,探索公共文化服务创新理论的发展和创新。为了贯彻落实《文化部、财政部关于推进全国美术馆、公共图书馆、文化馆(站)免费开放工作的意见》文件精神,加快文化馆、文化站等公益性文化事业单位改革,强化服务职能,拓展服务领域,加强公共文化服务品牌建设,2011 年 11 月,以"推动免费开放,强化服务职能"为主题的浙江省第十三届公共文化论坛在杭州召开,来自全省各地的 50 多名群文理论工作者根据当前全省发展的新形势明确方向、路径和思路,就公共文化服务如何更加细化、深化和优化,进一步推进文化馆、文化站免费开放等进行了探讨交流。在当下的文化大环境中,浙江有许多公共文化服务创新的前沿问题和热点问题,值得深入探讨和研究。浙江文化理论研究工作者立足浙江公共文化服务实践,总结经验,审时度势,通过推出一系列创新性的文化研究成果,掌握公共文化服务某些领域研究的话语权,扩大了浙江公共文化服务理论研究在全国范围内的影响。

2. 重视现实问题,总结浙江经验

改革开放以来,浙江省经济迅速发展,在经济发展中产生了温州模式、义乌模式等,在全国经济学界乃至全社会都产生了广泛而持久的影响。在公共文化服务发展过程中,浙江始终走在全国的前列。浙江省群众文化理论研究者始终关注着公共文化服务发展进程,通过梳理改革开放三十年来群众文化发展历程,提炼出群众文化发展的浙江经验。在公共文化服务不断推进的进程中,群众文化研究者着手进行浙江公共文化服务创新研究,理性地概括总结浙江公共文化服务创新的特征、经验,探讨公共文化服务的发展趋势,探究浙江公共文化服务品牌的深入研究。在总结经验的基础上,浙江群众文化理论研究者直面问题,针对新一轮公共文化设施建设中出现的"城郊化"现象,分析其内在的原因及其对公共文化服务带来的直接影响,指出必须正视城市公共文化设施远离公众的现象;对于文化馆免费开放中存在的问题,不少研究者提出相应的应对策略。

3. 加大跨学科交流,加强合作研究

近年来浙江理论研究队伍中的跨学科研究已经成为新亮点,成为公共文化服务创新理论研究的一个突破口。跨学科研究有助于公共文化服务创新理论研究者更新观念,拓宽研究视野,用跨学科的研究方法,去寻求公共文化服务理论研究的新视角。金天麟的专著《群众文化民俗学研究》就是公共文化服务领域与民俗学研究相结合的成功案例。公共文化服务理论研究是一个较为新颖的课题,浙江群众文化理论研究队伍中的很多研究者,借鉴社会学、心理学、传播学等许多相近学科的学科基础理论和大量的研究成果,博采众长,扎根公共文化服务工作实践,取得了显著的成绩。

第六章　浙江公共文化服务创新
的基本经验

　　浙江地处中国东南沿海长江三角洲南翼，处于改革开放的前沿，较早开始市场化改革，赢得了先发性的体制优势，成为全国市场发育程度最高的省份之一。浙江不仅创造了经济奇迹，而且在公共文化服务体系建设上探索出了一条创新发展之路。2005年以来，浙江在全国率先提出公共文化服务创新理念，研究公共文化服务创新问题，制定公共文化政策，开展公共文化服务创新实践，以农村文化建设为重点，不断加大投入，夯实基础，基本形成了多形式服务、多渠道供给、多方位保障的新格局，公共文化服务水平不断提高，多项指标走在全国前列。浙江公共文化服务从理论到实践的创新探索，为我国公共文化服务创新积累了宝贵的基本经验和启示。

一、理念领先、文化自觉是浙江公共文化服务
创新的强大引擎

　　理念引领方向，思路决定出路。近年来，浙江以高度的文化自觉改善文化民生，自觉把科学发展理念贯穿到公共文化服务体系建设的各个方面、各个环节，把公共文化服务体系建设摆上更加突出的位置，确立了建设文化强省的战略目标，提出了一系列符合时代要求的新的文化发展理念，作出了一系列关系文化建设全局的重大部署，从指导思想、重要方针、目标任务，到体制创新、政策扶持、经费投入、基本建设等方面，为基层给予强有力的领导和全方位的推动，进一步增强了各级政府推进文化

科学发展的自觉性和坚定性,更加自觉更加主动地推动全省文化大发展大繁荣。

20世纪90年代末以来,在"三个代表"重要思想、科学发展观的指导下,浙江对文化建设的地位和作用的认识逐步提升到了一个新的高度。文化已从简单意识形态的层面,发展为浙江"四位一体"发展战略的重要目标,成为浙江提升软实力的重要抓手。1999年,面对世界各种文化相互激荡的背景,浙江省委、省政府适时提出了建设"文化大省"的战略构想,先后采取了一系列措施,把文化建设作为一项战略任务来抓。2000年12月31日颁布的《浙江省建设文化大省纲要(2001—2020年)》,确立了这样一个总目标:到2020年,努力把浙江建设成为全民素质优良、社会文明进步、科技教育发达、文化发展主要指标全国领先、文化事业整体水平和文化产业发展实力走在全国前列的文化大省。这是全国第一个省级文化建设纲要,更是浙江新世纪建设文化大省的宣言书。2001年5月,《关于建设文化大省的若干文化经济政策》出台,从政策上引导鼓励社会参与文化建设。在2002年6月召开的省第十一次党代会上,建设文化大省、发展文化经济作为一项战略性的重大举措,写入党代会报告。特别是党的十六大以后,省委从牢牢把握先进文化前进方向,率先全面实现小康社会奋斗目标和坚持科学发展观、构建和谐社会的战略高度,对文化大省建设提出了新的要求。省委十一届四次全会,把进一步发挥人文优势、加快建设文化大省作为浙江"八大优势"和"八大举措"之一提出。2003年6月,浙江被中央确定为文化体制改革综合试点省,省委、省政府及时对试点工作作出了部署。同年8月,《浙江省文化体制改革综合试点总体方案》出台。以此为标志,浙江公益性文化事业进入了新的发展阶段,以全新理念重构公共文化服务体系全面铺开。2005年7月举行的省委十一届八次全会,作出了《中共浙江省委关于加快建设文化大省的决定》。第一次明确地用"社会公共服务"、"公共文化服务体系"等新的关键词,来建构有关"公益性文化事业"的叙述框架。公共文化的发展问题,被提升到了关乎加快建设文化大省全局的地位而得到了前所未有的重视。2008年6月,浙江省委工作会议通过《浙江推动文化大发展大繁荣纲要》,把公共文化服务体系与社会主义核心价值体系、文化产业发展体系一起,作为浙江未来三大文化建设体系之一。这是省委、省政府政策文件中第一次以相当大的篇幅,详细地阐述了"创新公共文化服务方式"的内涵和途径,提出要通过政府采购、项目补贴等方式,提高重要公共文化产品、重大公共文化服务项目和公益性文化活动的服务效益。2011年11月,中共浙江省委十二届十次全体(扩大)会议审议通过了《中共浙江省委关于认真贯彻党的十七届六中全会精神,大力推进文化强省建设的决定》,从时代要求与战略全局出发,以高度的文化自觉和文化自信,提出建设文化强省的总体思路,这就是在巩固文化大省建设成果基础上,继续深入推进社会主义核心价值体系、公共文化服务体系、文化产业发展体系等"三大体系"建设,深入推进文明素质工程、文化精品工程、文化研究工程、文化保护工程、文化产业促进工程、文化阵地工程、文化传播工程、文化人才工程等"八项工程",重点实施中国特色社会主义理论体系普及计划、公民道德养成计划、文艺精品打造计划、网络文化建设计划、重大文化设施建设计划、基本公共文化服务提升计划、文化遗产传承计划、文化产业倍增计划、对外文化拓展计划、文化名家造就计划等"十大计划",以更高层次、更宽视野、更大力度,推动社会主义先进文化更加深入人心,推动社会主义精神文明和物质文明更加全面发展,推动全社会的文化创造活力更加迸发、社会文化生活更加丰富多彩,推动人民群众基本文化权益得到更好保障、人民思想道德素质和科学文化素质全面提高,把浙江建设成为人文精神高尚、文化事业繁荣、文化产业发达、文化氛围浓郁、文化形象鲜明的文化强省。到2020年,努力基本建成与浙江经济社会发展水平相适应的文化强省。省委、省政府从文化大省建设上升到文化强省建设的创新思路,更是让浙江文化建设驶上了快车道。

在建设"文化大省"的战略部署引领下,浙江各地各部门结合各自实际,进一步理清工作思路、明确工作重点、加大工作力度,切实加快文化建设步伐,不断增强构成浙江综合竞争力的软实力。比如,2005 年 7 月中共嘉兴市委出台了《关于建设文化大市打造人文嘉兴的决定》,在文化建设上,重点实施文明素质提升工程、文化阵地建设工程、文化产业促进工程、文化生活繁荣工程和文化遗存保护工程等"五项工程",并分别从目标要求、主要任务、工作载体、保障措施等方面进行认真的论证和规划。从 2004 年开始,连续四年制定了《嘉兴市文化名城创建(文化大市建设)行动纲领》,对公共文化服务体系建设在经费投入、设施建设、队伍建设、文化活动、文艺创作、文化氛围等方面提出明确要求。2005 年,温州市制定出台了《关于加快文化大市建设的决定》,在加大财政对公共文化事业投入力度的同时,积极鼓励民间资本兴办文化事业,初步形成了政府投入为主、社会力量积极参与的公共文化建设投入机制。在全省各个市地中,尤其值得注意的是省会城市杭州,以全新的理念、全新的方式建设公共文化服务体系实践方面走在全省的前列,2007 年 11 月杭州制定了《杭州市公共文化服务体系建设规划(2008—2010 年)》。这是杭州市、也是浙江省内制定的第一个关于公共文化服务体系建设的专项规划。它的出台,不仅标志着杭州市落实公共文化服务保障措施、保障群众就近便捷享受文化的基本权益意识的充分自觉,也标志着党委政府开始有步骤地通盘考虑健全公共文化服务设施网络、提高公共文化产品供给能力、丰富公共文化服务内容、打造公共文化服务品牌等问题。在大力推进公共文化服务体系模式的转型过程中,杭州市无疑以全新的理念和大胆的实践走在全省前列。

二、统筹兼顾、分类指导是浙江公共文化服务
创新的有效策略

浙江农村各地情况不同,发达地区与欠发达地区,平原与山区、海岛,差别很大,再加上各地人口分布、自然地理环境,以及在生产生活条件和方式、风俗习惯、宗教信仰、心理状态以至历史文化传统等方面,具

有不同的特点。因此,在公共文化服务上必须采取因地制宜、分类指导的原则,根据不同情况提出不同的要求,制定适合各地不同情况的方针政策和措施,使文化建设与本地区经济发展相适应,努力满足本地区人民群众的基本文化需求。针对全省各地经济社会发展水平、资源环境承载能力和发展潜力,合理确定不同类型的文化发展战略、目标任务和发展方式,分类、分层、分步有序扎实推进,探索建立与不同区域、不同发展阶段和水平相适应的基本公共文化服务新格局。

(一) 构建城乡一体化的供给模式

1. 实现城乡图书信息资源共享

在县图书馆设立图书配送中心,县级图书馆在乡镇文化站设立图书配送分中心,通过分中心向村流通点配送图书,实现城乡图书信息资源的流通和共享。目前全省有58%的村设立村图书室,设立了4211个图书流通点。在嘉兴、杭州等地率先推行公共图书馆总分馆制建设,推进公共图书馆系统"一卡通"工程,积极构建城乡一体化公共图书馆服务体系。以市县级图书馆为中心,乡镇分馆为纽带,村(社区)图书流动站和图书流动车为基础,分馆不仅与市图书馆联网,实现了图书"通借通还"、一证多用,同时与各个图书馆的数字资源互联共享,使当地老百姓能得到与城市居民基本一致的服务。目前,杭州市已经用第二代居民身份证替代现有借书证,实现跨行业、跨区域、跨城乡的一卡通服务。

2. 建立全省公共图书馆讲座联盟

浙江省在全国率先启动全省"公共图书馆讲座联盟",创建了由185名省内的专家学者组成的、内容涉及政治学、经济学、文化学、社会学、医学、法学、美学等领域的19个系列讲座的讲师资源库。在浙江图书馆网站上专门开设讲座联盟的栏目,设立有关联盟活动的网页。各成员馆遵循"资源共享、优势互补、服务大众、共谋发展"的原则,定期为其他馆提供讲座信息,并确定联系人;为其他馆提供讲座咨询,并推荐和联系演讲嘉宾;共同策划多领域的讲座;无偿提供经演讲嘉宾授权的各类讲座光盘或有关资料;与聘请的演讲嘉宾签订讲座授权书;向文化部全国文化信息资源建设管理中心提供优质讲座资源;加强协议馆之间的讲座业务交流、研讨和培训;做好讲座的策划、组织、宣传以及档案留存工作,编制讲座光盘和讲座集;规范讲课费标准;设立浙江省公共图书馆讲座联盟委员会等等。与此同时,浙江成立"全省公共图书馆信息服务联盟",联合开展网上知识导航和咨询服务。

3.实行城乡文化交流互动

在强化城市对农村文化辐射带动的同时,注重建立城乡文化交流与合作长效机制,通过鼓励城市剧院、文化广场、文化展馆为农民演出提供演展场所,通过举办全省农民文化艺术节、乡镇优秀节目展演等方式,激发农民举办文化活动的积极性,引导农村"送文化进城",实行"文化返哺"。据不完全统计,近年来,全省各地农村业余文体团队送戏进城百余场。浙江还在在全省范围内推广"文化走亲"活动,以文艺演出为主要形式,由各市、县(市、区)自行组织一台具有各自地域特点的综艺节目,到其他相邻或相近市、县(市、区)演出,开展市际、县际、镇际的文化交流活动。通过"文化走亲"活动,对本区域内的文化资源进行有效整合,创新"种文化"载体、促进民间文艺创作繁荣,有效发挥基层文艺骨干主力军的作用,加强市际、县际文化交流与合作。

(二) 分类指导乡镇综合文化站建设

1.制定分类建设标准

根据各地区经济发展情况,浙江把全省所有市县(不含宁波)分成三类不同地区,即一类地区为"两保两挂"市县,二类地区为省财政给予国家工资转移支付补助和经济相对不发达市县,三类地区为经济扩权和经济相对发达市县。结合各地经济社会发展水平和群众文化活动需要,浙江科学制定乡镇综合文化站建设分类标准,合理确定乡镇综合文化站建筑面积,欠发达地区、中等发达地区乡镇综合文化站建筑面积分别不低于500平方米、1000平方米,中心集镇文化站建筑面积不低于发达地区的省级东海文化明珠相应硬件标准(1500 平方米),切实解决部分乡镇综合文化站无站舍问题。2008 年 3 月至 4 月,省文化厅分别召开全省一、二、三类地区乡镇综合文化站设施建设工作会议,检查各地乡镇综合文化站设施建设的质量与进度,布置"十一五"后三年乡镇综合文化站建设规划。2008 年 11 月 7 日,浙江省在宁波市鄞州区召开乡镇综合文化站建设现场会,进一步统一各级领导的思想认识,明确各级政府的工作职责,形成乡镇综合文化站建设工作的浓厚氛围。

2. 出台分类补助政策

为全面推进全省新农村文化建设,按照县有两馆(文化馆、图书馆)、乡有一站(文化站)建设的要求,浙江省于 2006 年开始安排专项资金用于加强基层文化阵地建设。2006—2007 年省财政各安排专项资金 3800万元。一类地区市县新建文化馆(群艺馆)、图书馆,按照国家和省规定的达标面积,每平方米省财政补助 960 元;乡镇文化站每平方米补助 480元;二类地区省财政分别补助 420 元和 210 元。重建、改扩建项目,视新增面积大小酌情补助,补助标准不超过新建补助标准的一半;三类地区农业人口占总人口 60% 以上的县(市、区),完成"两馆一站"建设任务的,给予适当奖励。2008 年开始,专项资金增加到 5800 万元并调整了补助标准,市县新建乡镇综合文化站的,一类地区每平方米补助从 480元提高到 720 元;二类每平方米补助从 210 元提高到 315 元。重建、改扩建项目,按照国家和省规定的达标面积减去原建筑面积予以补助,每平方米补助标准参照本地区新建补助标准执行。

3. 实施分类试点工作

2009 年,浙江在杭州市江干区九堡镇文化站等 5 种类型 16 个乡镇开展了乡镇综合文化站建设试点工作,制定下发了《浙江省乡镇综合文化站建设试点工作指导性意见》,分类成立了由省群众艺术馆牵头、省市群文、图书等专家组成的乡镇综合文化站建设试点专家辅导组。各专家辅导组在深入基层充分调研的基础上,协同市、县(市、区)文化行政主管部门,研究制定了各乡镇综合文化站试点工作方案,明确了试点工作目标任务、工作重点和辅导计划。及时对试点单位进行了验收,召开全省乡镇综合文化站业务试点工作会议,总结经验,进一步指导推动全省乡镇综合文化站建设。各种类型试点因地制宜,各有侧重,开展文化工作。第一类是城市街道站:针对社区居民文化层次较高、条件较好的特点,可以侧重器乐、演唱、健身、书画类的培训工作服务;创新载体、搭建平台,组织区域交流,提供展示机会,广泛开展广场文化活动。第二类是中心集镇站:针对中心集镇人口相对密集的特点,可以侧重文体结合、竞技互动型活动的引导服务(排舞、民间节庆表演、民俗展示、趣味运动会、健身操、农民竞技赛等);室内外场地要大,适合群体性活动的开展,有条件的还可以兴建露天舞台,利用当地废弃仓库、旧祠堂等场所,建立文化队伍活动点,广泛开展广场文化活动。第三类是城郊结合站:针对外来民工集聚特点,开放外来民工之家活动室,组建外来民工艺术团,面向外来民工提供针对性的文化服务,依托传统节日开展节庆活动;开展文体结合、竞技互动型活动(排舞、趣味运动会、健身操、民工竞技赛等);室内外场地要大,适合群体性活动的开展,有条件的也可以兴建露天舞台。第四类是山区海岛站:针对山区居住分散、信息相对闭塞的特点,可以侧重电影放映、文化信息共享等服务;挖掘山区海岛的民间艺术项目,尤其是手工艺品的制作、培训、传承工作,组建特色队伍,寻找结对合作伙伴,定期组织文化活动(电影、演出、展览等),结合山区海岛山水人情、农家风味特色,拓展山区旅游文化。第五类是民族特色站:针对民族特色鲜明且人员相对集中的特点,重点挖掘民族民间特色文化,结合少数民族的传统节日开展活动,丰富当地的文化生活。五大类型,定位准确,针对性强,操作性强,对全省各地乃至全国都具有示范性的意义。

三、科技应用、共建共享是浙江公共文化服务创新的根本途径

20 世纪 90 年代以来,科学技术特别是信息技术、数字技术、网络技

术的快速发展,对公共文化的思想内容、表现形式、传播手段等产生了深远影响,催生了新的文化业态,人民群众的文化消费观念、消费需求、消费方式也随之发生了深刻变化,对公共文化服务工作提出了新的目标任务和工作要求。因此,公共文化服务要紧随时代潮流,适应社会进步,就必须走科技创新之路。在文化实践中,浙江通过促进文化与科技的融合发展,以技术创新促进服务创新,大力推进文化传播手段与机制的创新,加强文化数字化建设,深入实施文化共享工程,推动建设"网络图书馆"、"网络博物馆"、"网络剧场"、"群众文化活动远程指导网"等覆盖全省、方便快捷的数字文化服务网络,实现文化服务形式从"传统型"向"数字型、科技型"的方向转变,充分满足人民群众日益增长的基本文化需求。

(一)加强文化信息共享工程建设

为顺应时代发展的需要,加强对全省文化信息资源共享工程建设的规范和管理,2003 年 9 月,浙江省文化厅、浙江省财政厅下发了《浙江省文化信息资源共享工程管理办法(试行)》,依托共享工程这个平台推进全省数字资源共建共享,成效非常显著。一是服务网络初步形成。截至目前,全省已建有省级分中心 1 个,市级支中心 11 个(共 11 个市),县级支中心 80 个,与农村党员干部现代远程教育系统联合共建基层服务站点 4 万余个(其中乡镇覆盖率达 100%,村覆盖 95%)。二是资源建设不断丰富。建设本地特色资源达 10TB(1TB 数据量相当于 25 万册电子图书或 926 个小时视频节目);加上引进的各类数据库和接收国家中心各类数据,资源总量达 50TB。三是骨干人员队伍稳定。通过培训,初步形成教学辅导、组织管理和技术服务三支骨干队伍,全省现有骨干人员 5 万余名,其中专兼职管理员 4 万多人。目前,已经基本上形成了优势互补,错位发展、优化配置、布局合理的城乡区域公共文化服务体系一体化格局。所有这些成果,为保障基层群众特别是农民的基本文化权益发挥了积极的作用。2009 年 5 月,在全省开展了"文化共享工程进企业"行动,并推选出 288 家"浙江省文化共享工程进企业示范服务点"和 567 家

"浙江省文化共享工程进企业职工电子书屋"作为首批示范。在浙江数字文化网开辟了"共享工程进企业"专栏,专门整合了适合企业职工学习和娱乐的文化资源,各示范点可凭账号登录,免费查阅文化共享工程的电子图书、期刊,欣赏电影、戏曲等优秀视频,在网上收听各类讲座。"文化共享工程进企业"行动是浙江信息化发展过程中的创新之举,是新形势下加强企业文化、职工文化建设的重要举措。

(二) 推进区域数字图书馆建设

近年来,在浙江各级党委政府的高度重视下,各级文化部门为区域数字图书馆的发展作出了不懈的努力。杭州、嘉兴、宁波、温州、湖州等地都实现了"一证通"或"一卡通",市、县图书馆之间的网络互联,完善了区域图书馆服务网络,为区域内图书的通借通还、各类资源的调度与共享打下了基础。2007 年,杭州图书馆"一证通"工程还荣获了全国第十四届"群星奖"服务奖。2009 年开通的浙江网络图书馆,将全省公共图书馆的数字资源有效整合在一起,形成了一个全省性的数字图书馆系统。它以浙江省文化信息资源共享工程和全省公共图书馆的传统文献与数字资源为基础,以"共建、共享、共通、共赢"为目标,以促进全省公共图书馆整体、协调、均衡发展为宗旨,运用先进的网络技术,打破地域限制,为读者提供"一站式"资源检索和文献服务的统一平台。2002 年,温岭市图书馆开省内县级图书馆之先河,引进了目前世界上最大的连续动态更新的中国期刊全文数据库——CNKI 数据库;2003 年初,又首家引进并推广了方正 apabi 电子图书;2007 年免费为全市中小学生开通了数字化"出书"平台。温岭市图书馆先后被授予"浙江省 CNKI 最佳用用单位"、"全国公共图书馆应用排行十强"、ebook 产业年会"最佳应用奖"等荣誉。

(三) 研发社会文化动态数据网上填报系统

随着电子政务建设的发展,各类重要政务信息实现了网上申报、流转。以往通过手工填报汇总社会文化数据,不但花费了大量人力物力,而且统计速度慢,容易出错。针对社会文化数据统计难的问题,浙江省文化厅自行设计制作了省、市、县三级社会文化数据动态填报系统,通过省、市、县三级文化部门网上填报,自动汇总显示全省社会文化数据,并实现分地区、分类别、分项目统计功能的网上动态系统。省、市、县(市、区)三级都可以通过填报系统,及时掌握全省及各市、县(市、区)有关社会文化数据;通过填报系统,可以查询了解其他市、县(市、区)数据,对比先进,查找不足;填报系统的实时数据,为文化建设"十二五"规划等目标任务的制订提供了科学决策依据。

(四)建立群众文化信息网站

互联网的繁荣发展,为浙江的群众文化建设打开了一片新天地。全省初步建立了近百个群文信息网站,涌现了如中国青田鱼灯、曹娥庙、梁祝、海洋文化等专题网站。这些网站用现代网络手段及时发布各地文化动态,促进了区域之间文化资源的共享与互补。如 2006 年"浙江艺术网"为了配合浙江省百村农民文化生活现状调查的群文理论调研课题调查工作的展开,在"浙江艺术网"网站的理论调研窗口刊登了《浙江省新农村文化调研报告范本》,布置各地开展农民文化生活现状的调研。通过群文网站,浙江省 200 余位理论调研干部参与了此课题的设计与制作,也同时感受到了群文网站的便捷与效率,该调研课题还在全国第十四届群星奖评选中荣获"服务奖",显示了群文网站的重要作用。2007年,浙江省群众艺术馆策划并承办了首届全省城市雕塑评选活动,此次活动采用网络发布和网络投票的方法,引起了全社会的关注,群众参与积极性高,短短一个月时间投票人数达 20 万,充分显示了网络开展活动的优势,同时也很好地体现了群众性和广泛性,取得了良好的宣传效果。8 月,为了配合宣传 2008 北京奥运进入倒计时,又充分利用网络平台,与各地有关方面联合举办了"浙江省迎奥运万人齐跳排舞活动",场面隆重,影响较大,不仅弘扬了"奥运"精神,推广了"排舞"活动,同时极大地丰富和活跃了当地群众的文化生活,意义重大。在全省首届排舞大赛之时,同样运用了网络这个平台,使"排舞"这个新生的群文活动项目得到了很好的宣传和推广。又如由杭州市群艺馆牵头创建的杭州群众文化网,于2009年起正式运行。这个由主网站和13个区县(市)子网站构成的杭州群文网,具有信息服务和文化配送两大功能,让你足不出户就能了解全市的群众文化、公共文化信息资源,包括群文信息、演出信息等。而且,网站通过整合全市群文服务资源,设立了配送服务平台,接受基层群众的点击预约,从而实现了群文机构与市民群众的文化服务供需对接。杭州群众文化网的网上预约配送平台,据知在全国属于首创。2008、2009两年,该网站以乡镇(街道)和城区社区为对象,先后设立两批杭州市群文配送基层服务点共273个,其中乡镇(街道)实现全覆盖。由政府采购、群众文化机构实施的数百场演出,以菜单的形式,按月逐批上挂杭州群众文化网,供各基层服务点选择。基层服务点如需要某场演出服务,可用专用会员名和密码,登录配送平台进行点击预约,先点者先送,点完为止。基层服务点的预约申请一经确认,即可在约定的时间地点,获得免费的演出服务。这一年通过预约配送方式,为基层服务点送演出300多场。网上预约配送改变了过去送文化下基层当中存在的"给什么看什么","想看的看不到,不想看的偏偏送过来"的现象,使基层群众在享受公共文化服务时有一定的选择权,因而受到基层文化站、社区以及群众的普遍好评。再如温岭市横峰街道文化站发挥互联网的作用,有意识地把群众文化工作向互联网延伸,街道文化站建立"鞋乡戏迷QQ群",戏迷们经常在QQ群里交流越剧的演唱流派、越剧演出等信息,切磋越剧表演艺术,坚持每月的第一个星期六聚会,吸引了省内上千名戏迷朋友到此聚会,也给横峰当地的戏迷朋友提供了每月过戏瘾的机会。

四、以人为本、满足需求是浙江公共文化服务创新的内在要求

文化权利的核心是公平性。让人人享有基本文化权益是中国特色

社会主义的本质属性。为此，浙江近年来以实施"文化共享工程"为契机，把推进公共文化服务机制创新作为公共文化建设的重要任务，创新服务方式，推进文化惠民，坚持公共文化产品供给"向基层倾斜、向偏远地区倾斜、向弱势群体倾斜"，努力让文化阳光照遍每一个角落，温暖每一个人。这主要体现在四个方面。

（一）开展公共文化产品配送服务

浙江连续多年把送文化下乡活动列为"为民服务十件实事"之一，重点组织开展了"四个百"（即百个面向"三农"的新闻栏目、百件面向"三农"的文艺作品、百种面向"三农"的宣传资料、百种面向"三农"的图书）和"六个万"（即万场电影进农村、万场演出到基层、200万册图书送乡镇、万场宣传下基层、万名宣传文化工作者到基层调研服务、万个城市文明单位与万个村结对共建文明）活动，为全省所有欠发达县（市、区）和部分中等发达地区配送了流动舞台表演车和多功能图书流动车，持续组织大规模的送文化下乡活动。2007年以来，省文化厅为重点解决农村观众看好戏难、看名角难的问题，专门实施了省属艺术表演团体公益性送戏下乡演出计划，每年拿出300万元补贴省属7所专业院团免费到农村基层，特别是到老少边贫地区、海岛渔村等一些条件特别艰苦的地区送文化服务。引入项目招标等竞争机制，对一些农村公共文化产品、文化服务项目、文化活动，实行政府采购、项目补贴、定向资助等，通过竞争提高公共文化产品质量。如宁波、台州等地大力推进文化创新，积极探索"企业经营，市场运作，政府买服务"的公共文化活动市场化运作模式，以"零门槛"方式面向全国公开招标公益文化活动。而杭州市"钱江浪花"艺术团文化直通车，以"政府主导、社会参与、公司化运作"的形式，从2005年开始带着戏剧、曲艺、歌舞和杂技四大类节目库的280余个节目，到全省各地巡回演出。5年多来，足迹遍及全省11个市、90个县（市、区）的1000多个乡镇（街道），巡演1500多场，为420多万人次送去了欢乐。

（二）广泛开展"种文化"活动

所谓"种文化",说的是农民群众像种庄稼一样,普遍、经常性地开展自娱自乐的文化体育活动,把文化的"种子""种"入乡村大地,让它生根、发芽、开花、结果。这一活动体现了这样一种理念:农民从文化的旁观者变为参与者,农民既是观众,又是演员,既是文化产品的生产者,又是文化产品的享受者,因而充分调动起农民参与文化建设的积极性。根据浙江省委宣传部的总体部署,从 2007 年 3 月 4 日元宵节起,浙江日报报业集团所属《浙江日报》、《钱江晚报》、《今日早报》和浙江在线新闻网站联合临安、嘉善、临海、新昌等全省 61 个县（市、区）委宣传部,发动广大农民开展了农民"种文化"百村赛。农民群众热情高涨,100 多个村庄积极报名参赛,参赛村的几十万农民习书画、学电脑、跳华尔兹、唱田歌、玩摄影,好不开心;越剧 PK、篮球打擂、舞林大会、象棋比赛、故事会、赛诗会,传统的、现代的各类文化活动蓬蓬勃勃,遍地开花。"种"文化使部分传统文化、原生态文化被挖掘出来,农民成为文化的主角,村里有了越来越多"不走的篮球队",城市广场有了越来越多的"农民演出队"。农民"种文化"得到了社会各界的广泛关注和支持。3 个月里,几十万网民参与投票,800 多条留言热议"种文化",浙江在线"农民'种文化'"专题,最高日访问量超过 6 万人次。10 家国家级媒体先后刊播了 14 篇（条）报道。各界人士纷纷参与"种文化",大学生进村帮助"种网络文化",农民书画进城展览,图书馆、群艺馆、作协专家上门辅导,为参赛村加油。这一活动,通过组织文艺骨干培训、农民文艺汇演、民俗活动展示等方式,大力培育农民自办文化,已在杭州、宁波成功举办两届浙江省"千镇万村种文化"展演展示活动。这不仅丰富了农村地区和农民群众的精神文化生活,也有力地推动和促进了社会主义新农村的和谐文明建设,受到社会各界特别是广大群众的热情关注、积极支持和广泛好评。浙江农民"种文化"这一独特的文化景观,引起中央主流媒体的热力关注。6 月 19 日至 20 日,人民日报、新华社、中央电视台、光明日报、经济日报、农民日报、中国文化报、中国新闻出版报、中华新闻报等新闻单位的记者都深入浙江农村对"种文化"进行采访报道。

（三）保障弱势群体基本文化权益

"十一五"期间,浙江各级政府大力实施"文化低保工程",努力填补公共文化服务体系建设的空白点和薄弱点。从 2008 年开始,省财政每年另行安排 600 万元的困难群众文化活动经费,重点加强对农村贫困人员、老年人、外来务工人员、未成年人等特殊群体的公共文化服务;安排补助资金 204.2 万元,补助了 16 个外来务工人员文化活动中心,有效改善了弱势群体的文化生活状况,切实保障他们的基本文化权益。2009年,省文化厅安排专项经费,依托省群艺馆、图书馆的人才和信息优势,以专题培训班、短期培训班等形式,面向失业人员和外来务工者开展再就业技能培训,为他们提供再就业和科技致富的信息,提高就业能力。同时,各县(市)也结合自身特点,研究落实保障弱势群体基本文化权益的机制和载体。嵊州市早在 2003 年就推行了外来务工人员"文化绿卡"制,明确规定外来务工人员可凭政府发放的"文化绿卡"免费参观越剧博物馆、越剧艺术中心、体育馆,免费借阅嵊州图书馆的图书,免费参加越剧文化俱乐部和该市有关部门组织的文化、教育、音乐、体育等各项培训。当年发放"文化绿卡"20 多万张。余姚市从 2008 年开始每年拨款400 万元实施"文化低保"工程,制作了 4 万张"阳光文化爱心卡"和"阳光文化共享卡",下发给全市 8000 多户低保户和"新余姚人",用于文化刷卡消费。为确保"文化低保"有效运行,该市还建立了一套长效机制,从组织、资金、阵地以及制度等方面予以保障,创造了"调查摸底、申请登记、审批发卡、文化刷卡、按期换卡"的"五步法"工作机制,保证弱势群体能持续享受优质文化服务。东阳市在外来务工人员集聚的农村,建立文化活动中心,免费向农民工开放,让农民工享受与当地人同等待遇的文化服务,丰富了农民工的文化生活,融洽了农民工与企业、村民的关系,成为外来民工安居、乐居的选择。

（四）率先公共文化设施免费开放

浙江各级公共图书馆、文化馆（站）不断创新公共文化服务方式，在免费开放和服务方面进行了积极的探索。浙江在全国率先实行了博物馆常年免费开放，从 2004 年开始，以浙江省博物馆为试点，在全国试行国办博物馆面向社会常年免费开放；浙江图书馆自 2007 年 12 月 1 日起宣布取消借书证年费，成为全国首家实现免费开放的省级图书馆，引起社会广泛关注，央视新闻联播进行了专门报道。之后，该馆又逐步实现了电子阅览室、自修室免费开放；包括杭州图书馆在内的杭州地区 10 家公共图书馆实现对读者基本服务免费；舟山市普陀区图书馆等多家基层图书馆也实现了免费办理借书证。公共文化场所免费开放举措推出后，吸引了众多的群众上门，全省公共文化服务呈现日益繁荣的景象。以浙江图书馆为例，免费开放后，读者数量、书籍借阅数量剧增。2008—2010年，年均接待到馆读者 233 万人次，创历史新高，外借册次增长迅猛，2009 年比 2007 年增长 64.5%。

五、锻炼队伍、提升素质是浙江公共文化服务创新的重要保障

推动公共文化服务体系建设，队伍是基础，人才是关键。"十一五"以来，浙江大力实施农村文化队伍素质提升工程，把基层文化队伍素质提升工程作为一项战略性、基础性的工作来抓，根据全省农村文化队伍建设要求，建立目标管理责任制，分级分批分类对全省文化馆、图书馆、文化站干部以及农村业余文艺骨干、村级文化管理员进行大规模的全员培训。同时，精心指导各地农村挖掘特色文化资源，积极扶持培育农村文化队伍，鼓励非遗代表性传承人开展传习活动，既推动农村文化活动蓬勃开展，又促进了非物质文化遗产的保护传承。在各级政府和乡村组织的推动、扶持下，许多地方的农民群众成立了腰鼓队、舞狮队、秧歌队、

舞蹈队、民间乐队等，自己制作乐器，自编、自导、自演，因地制宜开展了一系列群众性文化活动，对满足各年龄段农民多层次的文化需求起到积极作用。通过强化教育培训机制、激活职称评聘机制、实施培养引进机制等手段，着力打造高素质的文化人才队伍，有效地提高了基层文化干部的公共文化服务能力和业务水平。

（一）全面组织培训

按照浙江省"十一五"农村文化队伍素质提升工程目标任务设定，2007 年－2010 年，省本级共培训图书馆、文化馆馆长、优秀乡镇综合文化站站长及文化馆各门类业务干部 2500 余名。各市县文化部门共组织培训乡镇综合文化站站长、文化员，业余文艺团队负责人、业余文艺骨干，村级文化管理员 12.1 万余名。全省乡镇文化员实行全员培训，基本形成覆盖全省的群众文化队伍网络，丰富群众精神文化生活，更好地为构建公共文化服务体系发挥作用。

（二）创新培训方式

近年来，省文化厅对全省从事文化、艺术领域的骨干和全省乡镇文化员、村级文化管理员进行了分层次培训。省级培训委托浙江艺术职业学院和浙江省群众艺术馆承办，采取对点培训、异地培训、分类培训等方式，每年组织培训图书馆长、文化馆长、乡镇文化站长、乡镇文化员每年 600 名以上，省、市、县三级文化部门每年培训基层文化干部和农民文艺骨干近万名。为提高培训的针对性，省文化厅还组织编写了《浙江省农村文化队伍素质提升工程辅导教材》，大量吸收浙江新农村文化建设工作中的成功经验，为广大农村文化工作者开展业务工作提供了较好的学习范本。该教材立足于浙江省新农村文化建设的生动实践，着眼于农村文化干部素质提升的实际需求，将时代性、知识性和实用性有机融为一体，为培训广大农村文化工作者和开展业务工作提供了较好的学习范本，也为全国农村文化队伍培训提供了借鉴和参照的范例。2010 年联合省委宣传部举办"浙江省农村'种文化'辅导团服务基层活动月"活动，选派 10 余名省内书法、声乐、舞蹈、民间工艺等方面群文专家赴绍兴、金华、台州、衢州等地与当地文艺骨干、民间艺人开展面对面、手把手的交流辅导,激发基层群众文化的内生活力,培训人次达 5000 余名。

(三)落实经费保障

"十一五"期间,浙江省财政每年安排 500 万元专项用于农村文化队伍素质提升工程,保障各级培训工作顺利开展。其中,省级组织的文化业务培训和演出成果检阅和展示,由省级财政统筹安排;县级组织的文化员、业余文艺队伍骨干、村文化管理员培训,分类别由省财政统一拨付。同时在各市县文化主管部门的精心策划和争取下,各地财政也加大对基层文化队伍培训的投入,为开展基层文化队伍培训提供有力的经费保障。

(四)注重总结展示

为指导和促进基层文化馆(站)的业务创作工作,加强交流与推广,浙江省文化厅近几年共编辑出版了《越风吴歌——浙江省最具地域特色民歌选》、《浙江省 30 年新农村建设题材地方小戏选》和《浙江省群文精品节目集萃》等材料,免费发放给各地文化馆(站),丰富基层农民群众的精神文化生活。为进一步提高浙江乡镇(街道)文化员的综合业务能力,检验"十一五"期间全省农村文化队伍素质提升工程培训成果,展示全省文化员队伍业务水准和时代风采,2010 年 7—12 月,省文化厅组织举办了"浙江省首届乡镇(街道)文化员才艺大赛",共有 2000 余名文化员参加了舞蹈、声乐、器乐、戏剧、曲杂、美术、书法、摄影、民间工艺、文学、理论等 11 个单项以及个人综合才艺的比赛,有 295 名进入了省级现场决赛,充分展示了多才多艺的群文干部风采,有效激发了基层文化队伍的活力,探索出了一条展示基层群众文化队伍风采,提升基层群众文化队伍素质,加强公共文化服务体系建设的新路子。

(五)加强文化志愿者队伍建设

以全省 26000 余支文体团队、50 余万名业余文艺骨干为基础,浙江整合力量组建了一支覆盖老、中、青各个年龄层次的文化志愿者队伍,将文化志愿者的培训工作纳入农村文化队伍素质提升工程培训范围,不断提高文化志愿者的服务水平。文化志愿者队伍紧紧依托各类大型文化活动和各级文化阵地,积极开展文化志愿服务,已成为促进文化繁荣,推动公共文化服务体系建设的新生力量。嘉兴市共有文化志愿者队伍17支,注册志愿者2163名,实际志愿者人数则超过了一万名,领先全省。2010年10月31日,嘉兴国际漫画展开幕,共有300多名文化志愿者赶到现场为节会提供各式个性化服务。2010年11月,嘉兴文化志愿者组织作为全省志愿者唯一代表和全国文化志愿者唯一代表,入选中央文明委遴选出来的全国十大城市志愿者组织。

六、项目管理、绩效考评是浙江公共文化服务创新的有效抓手

公共文化服务体系的建设和完善,离不开科学合理的测度评估制度,离不开客观公正的绩效考核制度。为引导和激励各级党委政府切实加强公共文化服务体系建设,浙江在深入调研试点的基础上,创新建立了一系列具有较强操作性的公共文化服务考评机制。

(一)建立基层公共文化服务评估指标体系

近年来,公共文化服务体系日益受到各级政府和全社会的关注,但是如何对公共文化服务进行科学考量是一个难题。为此,浙江省文化厅从2009年开始,在深入调研和多次组织论证的基础上,研究制定了全国首个浙江省农村公共文化服务评估指标体系,并以此为依据对全省各县(区、市)进行了排名,还在网上开通了浙江省社会文化数据动态填报系统。这套指标体系涵盖了政府投入、设施建设、队伍规模、公共服务、社会参与和文化惠民创新等7个方面,共设立了23个指标。体系既坚持政府主导,也鼓励社会参与,除了考核政府送文化下乡情况,还关注基层

自发的"种文化"现象。同时,它坚持投入与产出并重,不但要看政府对公共文化的投入,还要考查最终产出的公共文化产品和服务的数量和质量。23 项指标根据其体现政府承担公共文化服务职能的相关性程度,其权重又有不同,总分为 100 分。首次公布的指标数据显示,宁波市鄞州区、海宁市、舟山市普陀区、绍兴县、杭州市余杭区、平湖市、临海市、余姚市、奉化市和慈溪市名列全省前十名。《浙江省基层公共文化服务指标数据》已连续发布 3 年,在全省各市县政府、文化广电新闻出版局、文化馆、图书馆层面进行了印发。省文化厅还成立课题组,撰写了《浙江省基层公共文化服务评估指标体系研究报告》。

(二)设立公共文化服务创新奖

为大力倡导文化创新,有效激发创新争先意识,进一步调动广大文化工作者的主动性、积极性和创造性,以创新的理论和理念、体制和机制、载体和平台、手段和方法,推动浙江文化工作整体水平的提高,推动全省公共文化服务工作大发展大繁荣,根据《浙江省推动文化大发展大繁荣纲要(2008—2012)》的精神,从 2009 年起在全省各文化事业单位、乡镇文化站中开展公共文化服务创新奖评选活动。活动要求各文化事业单位、乡镇文化站,凡是在公共文化建设中进行创造性研究、探索、策划或实施的,形成较为完整运作格局,经过数年实践,获得较大社会价值(经济效益或社会效益),具备创造性、时代性、特色性、有效性、示范性,并具有推广价值和可操作性的创新成果,均可申报基层文化工作创新奖评比活动。2009 年 12 月,根据《浙江省文化厅关于开展基层公共文化服务创新奖评选活动的通知》(浙文社〔2009〕52 号)文件要求,经各县申报,各市初评,专家评审,共评选出了 25 项获奖项目,其中一等奖 6 项、二等奖 6 项、三等奖 13 项。此活动旨在坚持推进文化创新,始终把文化创新作为文化发展的动力,充分调动广大文化工作者的积极性,激发全社会的文化创造活力,推进文化与经济、科技的融合发展,不断推出文化创新成果,进一步提高浙江文化软实力和竞争力。

（三）开展公共文化服务体系制度设计研究

公共文化服务体系制度设计是一项具有战略意义的创新性工作,它是将社会文化的经验转化为工作机制,把一般工作转化为体系建设,把单向性工作转化为综合性长远发展的举措,它标志着我们的社会文化工作从注重实践性,向注重用理论来指导实践,探索规律、科学发展的迈进。2010年受文化部委托,浙江省文化部门代表东部地区开展了国家公共文化服务体系制度设计综合研究。在国家公共文化服务体系制度设计研究工作会议后,浙江省及时开展了课题研究的相关工作,建立课题研究专家组,共有43位专家、学者进入公共文化建设专家库,根据专家的特长和本次课题研究的特点,经梳理、筛选,确定16位有较深理论水平、较强实践经验、较高研究能力的专家、学者组成省级公共文化服务体系建设专家组,在公共文化资源供给、活动机制、经费保障、队伍建设、评价体系等领域展开研究,并在宁波市鄞州区设立公共文化服务体系制度设计实践基地。

1. 文化先进、示范评选制度

坚持以典型引路,以先进促提升,以示范促发展,这是浙江创新公共文化服务的有力抓手。浙江省文化厅把文化先进县、文化强镇、文化示范村(社区)的创建,作为构建公共文化服务体系的重要载体,印发新的《浙江东海文化明珠》评选标准,修订了《浙江省文化先进县(市、区)评选标准》,激励地方政府更加重视文化工作,实现文化担当。而"浙江省文化强镇"评选是根据浙江"十二五"期间公共文化建设目标任务而开展的,较之"十一五"时期的"浙江省东海文化明珠"标准有了较大提升,2011年是首次进行,旨在表彰重视文化建设、设施设备齐全、活动丰富经常、注重遗产保护、队伍稳定活跃、管理科学规范的基层文化先进典型,从而推进基层公共文化服务体系建设,到"十二五"末将评选出150个浙江省文化强镇、500个浙江省文化示范村(社区)。到2011年底,浙江有全国文化先进单位(县)27个,占全省县(市、区)总数的30%。省级文化先进县 42 个,占全省县(市、区)总数的 46.7％。省级"东海文化明珠"545 个,占全省乡镇(街道)总数的 36％。

2. 公共文化服务奖励制度

省文化厅下发了《关于省级群众文化活动及作品评奖有关事项的通知》,规范群文活动及作品评奖过程中的评委会组成、评奖程序、奖项设置等。特别要求各级文化部门对各类文艺比赛参赛对象的身份资格进行审查,建立责任追究机制,以确保广大文艺爱好者公平参赛。浙江在公共文化服务方面开展的重要奖项有:群星奖、优秀业余文艺团队、优秀群众文艺队伍、公共文化服务创新奖等,另外还有群众文化品牌培育项目、群众文艺创作"八个一百"精品工程等。

3. 文化馆、图书馆、乡镇综合文化站等级评估制度

2009 年 9 月,浙江对全省市级(杭州、宁波除外)图书馆进行了评估,并抽查了部分县区级图书馆。评估组以文化部制定的《公共图书馆评估标准》、《细则》和《定级必备条件》为主要依据,通过听取当地文化主管部门和图书馆的汇报、查看台账材料、现场检查等方式开展工作,并对被评估(抽查)馆的情况及时进行了反馈,提出整改建议和要求。按照文化部办公厅《关于开展全国第三次文化馆评估定级工作的通知》(办社文函〔2011〕19 号),2011 年 2 月至 7 月,浙江组织开展了全省范围内的文化馆评估定级工作。全省共有 102 个文化馆(群艺馆),本次有 97 个馆参评,参评率为 95.1％。通过评估,进一步加强浙江文化馆的服务能力和管理水平,有效推动全省文化馆事业的发展。2009 年,省文化厅对全省乡镇综合文化站评估定级标准和方法进行了修订,从办站条件、公共服务、业务建设、管理水平等方面对全省乡镇综合文化站开展了评估定级工作,全面促进乡镇综合文化站规范化建设,科学化管理。全省 1509 个乡镇综合文化站中,共评出特级站 157 个、一级站 270 个、二级站 248 个、三级站 222 个,定级文化站约占全省乡镇综合文化站总数的 60％。

4. 年度绩效考核奖励制度

结合"十二五"基层公共文化服务年度考核工作,在项目、指标、权

重、计算方法等方面主要参考《浙江省基层公共文化服务评估指标数据》,制定了《浙江省基层公共文化服务绩效挂钩奖励资金考核细则》,省文化厅会同财政厅出台了《浙江省基层公共文化服务建设专项补助资金管理办法》。该《办法》改革了省级财政原有单一财政拨款方式,结合基层公共文化服务绩效挂钩奖励资金考核,设定了年度考核指标,建立了"以奖代补"为核心的激励机制,积极推动和引导县(区、市)级政府自觉加强基层公共文化服务体系建设。根据绩效考核排名,对综合得分前30名的县(市、区),分3档给予奖励补助。前3名各补助200万元,第4名至8名各补助120万元,第9名至30名各补助80万元。

5. 督导检查制度

浙江省文化厅在公共文化服务体系工作中注重将系统考核与专项督查相结合,通过开展文化先进县、浙江东海文化明珠、共享工程等专项复查与督导,建立绩效考核制度,健全督导检查长效机制。一是开展文化先进县复查。2009年,对已获得"文化先进县"荣誉称号的县(市、区)进行了复查。经我厅审核、文化部抽查及文人函〔2009〕2223号发文公布,浙江24个全国文化先进县(含全国文化工作先进地区、全国文化工作模范地区)全部复查合格,保留荣誉称号。根据各市文广新局核查意见和省文化厅抽查情况,浙江36个省级文化先进县全部复查合格。二是开展"浙江东海文化明珠"复查。2009年,通过乡镇自查、各市文广新局核查、各市交叉抽查,对2007年前(含2007年)被省文化厅授予"浙江东海文化明珠"荣誉称号的乡镇(街道)进行了全面复查。在《浙江东海文化明珠评选标准》(浙文社〔2008〕105号)的基础上结合文化站评估定级标准确定了复查内容,包括重视文化建设、设施设备齐全、文化活动开展、文化遗产保护、队伍稳定活跃、管理科学规范等方面。全省参加复查的481个"东海文化明珠"中,复查合格的有394个,建议整改的64个,撤销称号的23个。三是开展共享工程县级支中心督导。2010年,省文化厅组织对49个县级支中心及所属部分村级基层服务点工作进行了分组督导,重点检查各地在组织领导、资金保障、服务网络、资源建设、人员培训、基层服务、技术支撑、合作共建等方面工作情况。针对共享工程在管理使用过程中出现的新情况新问题,省文化厅专门下发了《关于进一步加强文化信息资源共享工程各级中心和基层服务点管理的通知》,规范浙江共享工程建设,确保各级支中心和基层服务点健康有序发展。目前,全省共有市级支中心 11 个,县级支中心 80 个,基层服务点 4 万余个。

浙江文化大省建设的生动实践,不仅在建设公共文化设施网络、公共文化产品供给、公共文化人才培养、满足群众文化需求等方面取得了重大进展,多项指标位居全国前列,更重要的是深化了各级党委、政府对文化的认识,培育了广大人民群众的文化自觉,为实现文化大发展大繁荣提供了思想基础,为建设文化强省作出了可贵探索。

第七章　浙江公共文化服务创新趋势

随着人民群众精神文化需求的日益多样和文化竞争的日趋激烈，文化创新将成为决定一个地区的文化是否具有凝聚力、吸引力和竞争力的关键。"十一五"期间，浙江文化建设以科学发展观为指导，以加快文化大省建设为战略目标，以改革创新为动力，牢牢把握先进文化前进方向，坚持科学发展、率先发展，紧扣公共文化服务、文化产业发展、文化体制改革等关键环节，重点突破、整体推进，文化发展主要指标和文化综合实力迈上了新台阶，为"十二五"文化发展奠定了扎实基础。未来浙江公共文化服务创新将在以下几个方面予以重点突破。

一、公共文化服务体系建设制度化

立足于制度创新，不断提高公共文化服务政策理论水平，实现公共文化服务转型升级，建立和完善政策法规支撑体系、绩效考核评估体系，使公共文化服务体系规范化、制度化、科学化。

（一）增强公共文化政策与理论水平，进一步提高公共文化服务意识

对中国当代文化建设来说，公共文化服务体系建设是一个全新的课题，它既体现了我国政治、经济、社会、文化四位一体的建设新理念，也标志着政府职能的转型，二者的动态调整构成了一系列政策和理论的变化。只有把握这些政策与理论的精神实质，才能更好地履行公共文化服务职责，大胆地探索公共文化服务体系建设，有效地创新公共文化服务

内容与形式。公共文化服务体系建设具有丰富的理论内涵与实践意义。一方面,公共文化服务体系建设牵涉广泛的社会相关领域,诸如公共文化政策、理论体系,公共文化基础设施体系,公共文化生产、运营体系,公共文化信息体系,公共文化资金保障体系,公共文化人才体系,以及公共文化评估、监督体系等等,如果不能理解和掌握公共文化服务体系的理论内涵,就无法完整有效开展公共文化服务体系的建构工作;另一方面,如果不能认识到现代政府职能从管理向服务的历史性转型,就不能准确定位自身的社会角色定位。《中共中央关于构建社会主义和谐社会若干重大问题的决定》中在"逐步实现基本公共文化服务均等化"命题下说,"健全公共财政在教育、卫生、文化、就业、再就业服务……等方面的投入",这里,文化被列入公共服务均等化的序列,对政府公共文化服务导向提出了清晰的目标,对未来文化建设的出发点和着力点作出了政策界面的基本定位,而正是这一新定位,使中国当代的文化建设真正从以往的政策定位中彻底摆脱出来。作为公共文化服务体系建设具体承担者的公共文化服务单位,要落实好公共文化服务就必须增强公共文化政策与理论水平,提高公共文化服务意识,准确领会公共文化服务体系建设的精神实质,以不断完备的体系和日臻完善的服务满足群众日益增长的文化需求。

(二) 加强公共文化服务方式转变,加快公共文化体系建设的城乡统筹步伐

"十一五"期间,浙江公共文化服务建设仍然处于不断完善公共文化设施的阶段,这个阶段的特点是公共文化服务能力和公共文化产品的数量严重不足。面对越来越多的社会公众对于公共文化服务的渴求,政府的公共文化服务显然难以满足群众的文化需求。因此必须转变公共文化服务的建设模式,采取依靠现代技术不断完善和增加已有设施的功能,加快网络共享建设和各级服务中心资源共享建设的集约型建设模式,以提供优质的服务为基础,以广泛的共享联系为方式,以根本满足社

会公众的文化需求为目标,以最合理的投入得到最满意的产出。

公共文化服务体系建设由重点覆盖向全面覆盖转变。重点覆盖的建设适用于公共文化服务体系建设的最初时期,这一方式有利于集合最优的资源在最适合的地区快速建立,同时也可以对其他地区进行初步覆盖。经过"十一五"时期的建设,浙江的公共文化服务体系已基本建成,但由于各地经济发展和人员素质参差不齐,所以存在少数地区公共文化服务覆盖率极高,而多数地区只是基本覆盖,在设施质量和服务水平上远远无法和重点覆盖地区相比。这种状况显然不能适应社会发展过程中人们日益增长的文化需求。因此,浙江的公共文化服务体系建设亟须在公共文化服务体系公平性原则的指导下,逐步从重点覆盖向全面覆盖推进,避免在公共文化服务建设上出现两极分化的情况,从而达成人人公平享有公共文化服务的最终目的。

加快公共文化服务体系建设的城乡统筹步伐。城乡统筹是公共文化服务体系建设必须要达到的目标之一,也是实现"人人公平享有"文化服务的重点,只有城乡之间的公共文化服务各具特色、完全对等时,才能说公共文化服务体系正式建立。浙江省"十一五"期间通过"新农村文化建设十项工程"、"文化低保工程"、"钱江浪花艺术团文化直通车巡演"、"唱响文明赞歌下基层辅导"等方式,逐步拉近城乡之间的差距,但在山区和偏远地区,公共文化服务体系建设依然十分薄弱,如何加快这些地区的建设,使公共文化服务真正平等地覆盖到每个社会公众,这是浙江公共文化服务建设需要大力推进的基础工作。

(三) 制定与完善有关法规,鼓励与促进社会多元投入

公共财政对文化事业投入不足、社会力量参与不够是公共文化服务体系建设的主要制约因素。因此,制定与完善有关法规,鼓励促进社会多元投入公共文化建设的积极性,发挥浙江地方财力相对雄厚的优势,不断加大公共文化投入。公共文化投入的年均增长速度应不低于地方财政收入增长的速度。改变政府文化投入范围,在保证国有公益性文化

机构、项目等的基本投入前提下,政府的公共文化资源适度向民间机构开放,使每年占文化预算一定比例的公共财政经费,可用于资助民办非营利文化机构。要借鉴发达国家经验,完善公益性文化捐赠的政策法规,制定鼓励捐助文化事业的地方性法规,积极吸纳社会民间资金,全面拓宽公共文化事业的投资渠道,实现文化事业投资主体的多元化发展。大力发展民办非营利文化机构,出台地方性法规,明确民办非营利文化机构的法律地位;制定扶持办法,明确资助民办非营利机构的资金来源、资助程序等。

(四)建立有效的评价与监督体系,促进公共文化服务的社会效率

只有建立合理有效的评价考核与监督体系,才能对公共文化服务的决策与执行情况进行有效的评价,并对服务手段进行全面的总结与改进。首先要加强领导,明确责任主体。各项文化项目和活动的实施都应明确责任主体,制定相应的责任追究办法。其次要加强资金监管,提高资金使用效益。采取分期拨款,提交阶段性执行报告、严格收支报告等方式,进一步加强对政府公共财政投入项目执行情况的监管,保证财政经费的合理及有效使用。再者是建立"年报"制度。对公共财政拨款的事业单位应实行年报制度。年报一般应包括:年度工作目标完成情况,年度经费使用情况,年度综合评估(如剧院上座率、图书馆借阅率、文化馆活动参与率、开放程度等)。年报内容应向社会公开。最后,要鼓励多种形式的公共文化服务绩效评估。鼓励公民个人、社会团体、社会舆论机构、中介评估机构等通过一定的程序和途径,直接或间接、正式或非正式地评估政府文化服务的绩效。

对于政府而言,公民的文化生活满意度是政府绩效的重要衡量指标。政府公共文化服务的绩效管理要以人为本,公众的满意度应成政府绩效管理评估的重要衡量尺度,政府部门可设立专职人员,成立专门的服务管理部门,以群众文化生活满意度调研为核心,把其作为有效的公

共文化服务管理工具,建立系统的公共文化服务管理体系。通过满意度调研(可通过定期的问卷调查、电话调查、公开政府电话与邮箱等多种方式),通过 VOC 系统、服务改进系统、服务绩效评估系统,倾听群众声音,了解公共文化服务现状,发现公共文化服务短板,评价服务成效,提升各级政府文化部门的公共文化服务能力。

二、公共文化服务数字化

立足于技术创新,实现文化服务形式从"传统型"向"数字型"、"科技型"方向转变。大力推进文化传播手段与机制创新,加强文化数字化建设,深入实施文化共享工程,推动建设"网络图书馆"、"网络博物馆"、"网络剧场"、"网络文化馆"、"群众文化活动远程指导网"等覆盖全省、方便快捷的数字文化服务网络。

(一) 以申报国家文化创新工程为抓手,通过开展文化科技的基础研究和高新技术在文化建设领域的应用研究,重点申报一批具有全局性、前瞻性和引领性的重大文化科技项目

在科学技术迅猛发展的今天,推动文化与科技的融合,以科技创新支撑文化创新,以文化创意引导科技创新是文化发展的强劲动力。胡锦涛同志曾指出:在世界新科技革命的推动下……科技发展从来没有像今天这样深刻地影响着社会生产生活的方方面面,从来没有像今天这样深刻地影响着人们的思想观念和生活方式,从来没有像今天这样深刻地影响着国家和民族的前途命运。科技使文化以前所未有的面貌进入人们的日常生活,扩大了文化的覆盖面,增强了文化的渗透力。文化部、财政部《关于进一步加强公共数字文化建设的指导意见》中提出:"在数字化、信息化、全球化的时代背景下,深刻认识并准确把握国内外形势新变化新特点,结合人民群众不断增长的精神文化需求,将信息技术、数字技术、网络技术等现代科学技术和传播手段应用于公共文化服务体系建

设,进一步加强公共数字文化建设,是适应时代发展的必然要求和战略选择。"浙江公共文化服务要充分重视科学技术对公共文化服务体系建设的推动和提升作用,重点申报一批具有引领性、示范性的文化创新工程,自觉以高新技术作为推动文化建设、提高文化创新能力和传播能力的新引擎,发挥文化和科技融合的创新作用、吸纳作用及转化作用,提升浙江公共文化服务的技术创新手段和方法。

(二)以公共文化服务数字化建设为抓手,深入实施文化共享工程,推动"网络图书馆"、"网络博物馆"、"网络剧场"、"网络文化馆"、"群众文化活动远程指导网"等覆盖全省、方便快捷的数字文化服务网络

网络化平台和信息化集成是文化服务共享的有效手段,也是公共文化服务体系形式创新的表现。充分借助现代高科技的手段加快网络系统的建设,集成文化信息,实现文化资源的共享,这是目前公共文化服务体系建设的一个方向。浙江省文化系统应以全省文化信息资源共享工程、非物质文化遗产数据库工程等平台为依托,互联网和卫星传输为主要传输途径,网络流媒体分发为主要传输手段,基层一站式服务平台及公益网吧、视频剧场和网上图书馆、网上文化馆为服务终端,形成较完善的覆盖全省城乡的省、市、县、乡、村五级网络体系和综合性公共文化运行服务体系。

从浙江实际出发,要积极推进公共数字文化建设制度设计,实现科学规划,开展专题调研,推进公共数字文化建设制度设计和机制研究;要制定网络公共文化发展规划,明确网络公共文化的发展目标、重点和战略,确定网络服务在公共文化服务体系建设中的方向和关键项目;要发展完善公共数字文化设施网络,大力培育文化馆系统公共文化服务网络基础设施建设,充分发挥文化馆网站的公共服务功能,拓宽传播渠道,逐步建立覆盖全省的具有上网浏览、在线培训、在线放送、共享互动等功能,惠及广大群众的服务体系;要充分发挥互联网文化创作平台、文化传播平台和文化消费平台功能,调动各级文化单位、网络文化行业参与浙江地域特色网络文化建设的主动性、积极性和创造性,推动健康向上的文化产品的数字化、网络化生产和传播;要加快网络文化产业和产品开发,以此来丰富和创新网络公共文化产品的内容与提供形式;要搭建集中统一的运行管理平台,实现规范管理,采取科学化、系统化、规范化的管理手段,确保公共数字体系的稳定运行和有效监管。

(三) 以公共文化服务共享平台建设为抓手,整合公共文化服务资源,实现全省文化信息资源、文化数据资源、文化活动资源、文化项目资源等大联动,不断丰富公共文化服务产品,提高公共文化服务群众满意度

建立全省文化信息资源共享平台。目前全省各地群众文化生活较为丰富,11个地(市)常年文化活动更是频繁,民办文化方兴未艾,文化艺术培训、文化演艺业、会展业发达,民间职业文艺团体和群众性业余文艺团队发展迅速,但由于文化服务内容分布面广、点散,更由于文化发展的不平衡,使得许多文化信息输出不及时,这在一定程度上造成了文化资源的浪费,有的地区文化供需脱节和错位现象较为严重。建立全省文化信息资源共享平台,通过有效整合文化服务信息资源,使之集中放在一个开放的信息平台上,以方便快捷的渠道送达群众面前,让群众根据自己的需求,有的放矢地选择相关文化服务内容,最大限度地实现全民共享文化的目的,取得文化服务社会效益的最大化。

建立全省文化资源数据库共享平台。建立类型齐全、内容丰富,满足不同层面社会需求的全省文化资源数据库共享平台,整体盘活全省文化资源,为公共文化服务。建立艺术人才专家数据库,根据文学、理论、音乐、舞蹈、美术、书法、摄影、戏剧、曲艺、民间文艺、策划等不同的艺术门类有效整合,为基层开展文艺演出、辅导、培训等服务;建立全省文艺精品视频音频资源库,为基层文化单位观摩学习借鉴服务;建立群众性文艺团队、民间职业剧团、文化志愿者资源库,为文化资源流动、共享服

务;建立公共文化服务研究和艺术研究成果资源库,为基层文化单位提供成果转化开展针对性服务;建立以文字、声像、实物为主的非物质文化遗产资源库,为保护、传承和开发非物质文化遗产服务等。对这些文化资源数据库向社会公开,为群众提供在线查询和跨系统数据库检索服务,让更多的单位和群众根据自身需求自主选择,从而最大限度地利用和盘活这些艺术资源,更好地为社会公众进行系统化服务。

建立全省文化微博共享平台。微博作为一个信息集群,已经成为很多网民每天都要浏览的网站之一,它不仅具有高时效性、高互动性,还有受众面更广泛的优点。此外,机构认证系统也增加了它的权威性。浙江公共文化服务要致力于打造一个文化交流、权威发布的微博共享平台,及时发布浙江文化动向、提供浙江文化实用资讯,积极与网友开展互动交流,回应群众关心、关注的文化热点问题,组织开展微访谈等。浙江文化微博共享平台还可以整合 11 地(市)文化部门的微博,推出浙江文化微博群,做到在浙江范围内全覆盖,同时要健全运行机制和制度建设,用制度来保证微博平台在文化交流中取得实效,既了解民情、听取民意、集中民智,又更好发布信息、服务群众。

建立全省公共文化活动(项目)服务共享平台。一是通过网络艺术展览、网络艺术讲堂、网络艺术辅导、网络艺术鉴赏、网络文化活动展示等实现网上网下之间的文化联动服务,群众只要点击、上传就可以欣赏展览、听取讲座、参加活动、反馈意见,吸引更多的群众参与进来;二是建立文化活动(项目)网络配送共享平台,整合全省范围内的节目、团队、人才、灯光、音响、舞美、道具、服装等资源,采取联网连锁的服务模式,制定《配送管理实施意见》,组织协调有关各方向基层输送公共文化服务内容和服务"菜单",根据群众需求开展各种文化服务。形成规范化的"物流"体系,打响共建共享服务品牌;三是建立公共文化服务联盟共享平台。浙江公共文化服务联盟是指浙江范围内具有公共文化服务职能及相关文化服务项目的单位及个人联合组织的以实现文化资源共知、共建、共享为目的的公共文化服务团体。通过公共文化服务联盟达到文化资源要素的合理配置和资源的整合,形成既能体现公共文化服务特征,又能适应市场经济要求,既能体现公共文化个性特色,又能充分发挥公共文化整体效益,政府主导、社会参与、优势互补、共建共享的新型文化服务运作方式。在当前情况下,联盟将以浙江省本级公益性文化服务单位为核心,以各地(市)公益性文化服务单位为基础,民营及社会团体相关文化服务单位为补充,通过联盟的共建、共享,整体提升浙江公共文化服务的能力和水平。

三、公共文化服务品牌化

浙江公共文化服务的发展趋势,要顺应科学发展新要求,把握文化发展新趋势,强化公共文化服务品牌建设,满足群众精神文化生活新期待,不断增强公共文化服务能力,把浙江建设成为具有鲜明区域特色和品牌化效应的文化强省。

(一)突出浙江公共文化的特色优势,在差异化和特色化中探寻浙江文化品牌的发展之路

如今在资源和要素趋同的情况下,不同城市的文化定位及其文化特色,正在成为文化发展的着力点。综观世界文化名城,无不以独特的文化气象和丰富的人文底蕴为本质特征,无不独具文化个性而魅力四射。浙江建设文化强省,就必须在尊重文化发展内在规律的同时,突出浙江文化的特色优势,充分体现浙江文化底蕴深厚、文化资源丰富、人文优势明显、文化发展基础良好,素有"文物之邦"之称的特色,在差异化和特色化中寻找发展之路。改革开放以来,浙江省委省政府高度重视文化建设,始终坚持用文化引领先进方向、凝聚奋斗力量、激发创造活力,对文化建设作出了一系列重大部署。1999年,提出文化大省的目标任务;十六大以来,从建设中国特色社会主义事业全局的战略高度,把加快建设文化大省作为实施"八八战略"和"创业富民、创新强省"总战略的重要内

容,在"三大体系"(建设社会主义核心价值体系、公共文化服务体系、文化产业发展体系)、"八项工程"(实施文明素质工程、文化精品工程、文化研究工程、文化保护工程、文化产业促进工程、文化阵地工程、文化传播工程、文化人才工程)、"四个强省"(教育强省、科技强省、卫生强省、体育强省)建设中,形成了鲜明的浙江特色,显著增强了浙江的文化软实力。特别是在浙江公共文化服务体系建设中,呈现出杭州市群众文化工作集约化、一体化运行机制、舟山市定海区"唱响定海·全民 K 歌赛"、嘉兴市城乡一体化公共图书馆服务体系建设、湖州市"文化走亲"、海宁市创新农村文化阵地长效管理模式、杭州市余杭区乡镇综合文化站建设的"余杭模式"等一系列具有鲜明特色的公共文化服务品牌,在浙江乃至全国都有广泛的影响力,为我国公共文化服务体系建设贡献了丰富的实践经验。因此,浙江公共文化服务特色创新要以此为起点,以更加高度的文化自觉和文化自信,进一步解放思想、转变观念、抓住机遇、乘势而上,创造具有时代特征、现代风格的浙江经验,把浙江建设成为人文精神高尚、文化事业繁荣、文化产业发达、文化氛围浓郁、文化形象鲜明的文化强省。

(二)突出浙江公共文化的品牌优势,在社会化和品质化中寻找浙江文化的发展之路

品牌是一种身份和标志,更是一种奋进的方向和目标,文化品牌则体现了文化的核心竞争力,对公共文化服务有着巨大的提升和带动作用。以品牌来引导公共文化建设,则是把文化建设从一个宏观的理念,具体化为实际的政策、项目、措施,使有限的文化资源得以充分利用,使公共文化服务效益最大化。同时,品牌又是群众广泛认同和评价出来的,只有得到群众喜爱才称得上是品牌,因此,可以说公共文化服务品牌是树立政府公共文化服务信誉和知名度、获得群众认同的外在表现形式,体现的是群众对公共文化服务的情感和心理认同,更是一个地区公共文化发展水平和综合实力的重要体现和展现。

　　浙江公共文化品牌化建设进行了可喜的探索。如浙江省文化馆开展的"唱响文明赞歌"文化下乡活动,将"送文化"和"种文化"结合起来,拓展了文化惠民的方式,先后组建了声乐专家辅导团、戏剧专家辅导团、优秀获奖歌手展演团和优秀戏剧节目展演团等,面向革命老区、少数民族地区、海岛、山区,与当地共同举办大中型示范演出活动、举办声乐培训活动。群众文化与专业文化紧密结合,省内专业文艺院团的专家和歌手的积极参与,大大提升了文化下乡活动的质量。将示范性演出和面向基层的文艺辅导紧密结合,这是浙江"唱响文明赞歌"文化下乡活动与其他下乡的最大区别,每到一处,专家辅导团开设声乐演唱和音乐创作等讲座,对当地的群众文艺骨干进行面对面的个别辅导,大大提升了文化下乡活动的成效。

　　宁波市文化馆推出的"群星"系列品牌活动有效地提高了公共文化服务的质量和效益。"群星课堂"以"面向基层、面向群众、文化惠民"为宗旨,针对社会不同层次、不同年龄的群众对文化的多样性需求,采用文艺普及与特色培训相结合、市馆和各县(市)区馆联动的形式,吸引了广大市民的广泛参与。"群星课堂"还不断延伸培训触角,拓展培训对象范围,把课堂办到企业、社区、外来务工人员聚居地、民工子弟学校,让市民在家门口就能享受到免费的文艺培训服务,被广大群众亲切地称为"百姓课堂"。"群星展厅"为社会各界艺术爱好者开办个展、联展,同时也引进一些高层次的艺术展览和交流活动,使艺术爱好者和艺术家有了面对面的学习和交流机会,提高了人民群众的审美水平。"群星"系列品牌活动不仅受到群众的广泛认同,而且成为社会各界的关注焦点,成为各地学习借鉴的经验。

　　浙江公共文化品牌化建设要在现有的基础上继续苦练内功,把握群众需求的热点、要点,进行充分的调查研究,使品牌建设具有深厚的群众基础,被群众广泛认同和接受。同时还要认真做好品牌建设的规划,从立意到筹划、实施要经过科学论证,使公共文化品牌化建设成为提高群众文化生活质量、满足群众文化生活需求的有效载体,为城市发展与和谐社会建设发挥卓有成效的作用。

四、公共文化服务队伍专业化

公共文化服务队伍专业化也是浙江公共文化服务发展的趋势之一。要立足于队伍建设创新,建设结构合理、门类齐全的公共文化服务队伍,积极探索公共文化服务的人才支撑体系。

党的十七届六中全会《中共中央关于深化文化体制改革推动社会主义文化大发展大繁荣若干重大问题的决定》指出,推动社会主义文化大发展大繁荣,队伍是基础,人才是关键。要坚持尊重劳动、尊重知识、尊重人才、尊重创造,深入实施人才强国战略,牢固树立人才是第一资源的思想,全面贯彻党管人才原则,加快培养和造就德才兼备、锐意创新、结构合理、规模宏大的文化人才队伍。

公共文化服务人才建设是公共文化服务体系的重要组成部分。一个完整的公共文化服务人才体系,不仅包括公共文化事业单位的各种文化人才,更重要的是建立一整套吸引人才、帮助人才创出业绩的良好的人才制度,为人才的发展创造良好的环境,这样才能真正地保证公共文化服务的质量并得到不断发展的动力来源。要坚持在公共文化服务实践中发现人才、培养人才、凝聚人才,不断创新和完善高层次文化人才培养机制,更好地满足公共文化事业发展的需要。

(一) 创新引进机制,改善人才结构

制定文化人才队伍建设规划,并通过编制引进人才计划、拓宽引进渠道、创新引进方式,不断增加文化人才数量、优化文化人才结构。在引进计划的编制上,坚持从事业发展需要出发,根据配备情况合理界定紧缺、必需岗位,根据总体规划每年编制文化人才需求和引进计划,重点引进短缺人才。在引进渠道的选择上,扩大选调范围,实行社会化引进。在引进方式的选择上,对高层次、急需的人才实行定向引进,对一些特殊

岗位,采取短期或中长期聘用、技术合作、聘请顾问等方式,实行智力引进、柔性流动。在引进程序上坚持做到公开、透明、公正。

(二) 创新培养机制,加强基层文化队伍建设

深入实施基层文化人才队伍素质提升工程,使公共文化服务队伍尤其是农村文化队伍从"兼职型"向"专业型、复合型"发展。对全省基层文化干部、文艺骨干和村级文化管理员进行全员培训,培养一批农村文化建设带头人和农村文艺团队,力争实现85%以上的建制村(社区)建有一支以上业余文化活动队伍。积极培育和发展志愿者队伍,建立文化志愿者工作机制,构建省、市、县、乡、村五级文化志愿服务网络体系,形成专兼结合的基层文化工作队伍。

(三) 创新激励机制,优化人才环境

在人才选拔任用、公共服务和人事制度改革上求创新突破,营造有利于文化人才发展的良好环境。创新文化人才职称评审办法,建立和完善以业绩为依据,品德、知识、能力等要素共同构成的人才评价体系。建立健全充分体现人才价值、激发人才活力的收入分配机制。积极为文化人才搭建事业发展平台,大力宣传文化领域领军人物、优秀人才及其成果,努力营造尊重劳动、尊重知识、尊重人才、尊重创造的浓厚社会氛围和各类文化人才脱颖而出、施展才华的制度环境。

浙江公共文化服务创新案例

浙江省"唱响文明赞歌"文化关爱老少边贫地区系列活动

从 2002 年起,由浙江省文化馆发起的"唱响文明赞歌"文化关爱老、少、边、贫地区系列活动已走过了 10 载春秋,足迹遍布浙江老、少、边、贫地区,艺术专家辅导团与当地共同举办大、中型示范演出活动计 50 余场,举办声乐、戏曲、小品、曲艺、书画、摄影大型讲座 80 余次,被辅导者近 6000 人次,取得了很好的实效。"唱响文明赞歌"文化关爱老、少、边、贫地区系列活动,得到了省委宣传部、省文化厅领导的肯定,已成为浙江省群众文化的品牌活动,起到了很好的示范作用。

一、主要做法和创新亮点

(一) 整合资源,文化下乡培育文化良种

培育农村文化良种。2002 年 9 月,为贯彻、落实全国基层文化工作会议精神,进一步推动全省基层文化建设和推动我省城乡社会主义精神文明建设,浙江省文化馆联络部分有较高知名度的声乐专家发起联合倡议,筹建"'唱响文明赞歌'浙江省声乐专家辅导团"。此项倡议得到了省委宣传部和省文化厅充分肯定和大力支持。2002 年 11 月,"'唱响文明赞歌'浙江省声乐专家辅导团"正式成立。专家辅导团汇集了浙江群众文化系统的正、副研究馆员,以及浙江省音乐家协会省声乐协会、省合唱协会、专业院团、艺术院校的众多声乐专家组成。"唱响文明赞歌"文化关爱老少边贫地区系列活动,让艺术专家与基层文艺骨干零距离、面对

面,接受省内最高水平的艺术辅导,播撒农村文化良种,培育农村基层文化队伍,有效地提升群众文化骨干的艺术水平,使先进文化在农村扎下深根。

面向老少边贫地区。"唱响文明赞歌"文化关爱老少边贫地区系列活动宗旨是:面向全省老、少、边、贫地区,大力宣传社会公德、职业道德、家庭美德,服务基层、服务乡村、服务社区,讴歌文明。普及声乐教育,发现培养人才,把文化关爱送到基层群众需求迫切的每个角落,以文化帮扶的方式奉献爱心。通过示范,向全省辐射,逐步形成各艺术门类齐全,省、市、县三级团队联动的强大网络,将该活动打造成为全省有影响的一项品牌文化活动。从2002年11月起,浙江省艺术专家辅导团先后赴长兴、开化、永嘉、常山等革命老区,龙游、桐庐等畲族地区及舟山、象山等偏远的海岛、山区,开展艺术专家辅导活动和示范演出活动。专家们每到一地,不顾旅途疲劳,即刻投入示范演唱会的排练、演出,展开针对当地声乐骨干、爱好者以及基层节目、团队的辅导、培训,培育农村文化良种。由于辅导团的演出、辅导、培训活动形式多样,生动活泼,受到了各地的普遍欢迎,从而也使浙江"送文化下乡"活动在内容与形式上得到了进一步的深化。

"唱响文明赞歌"团队不断拓展。2004年10月,在声乐专家辅导团取得成果的基础上,又组建了"'唱响文明赞歌'浙江省优秀歌手展演团"。该团由浙江省数年来在全国、全省声乐比赛中获得高奖的青年歌手组成。两团以各自的优势互补,提升活动的档次和品位,更好地营造"送文化下乡"的活动氛围。此外,又先后组建了"浙江省戏剧专家辅导团"、"浙江省优秀戏剧节目展演团"、"浙江省曲艺专家辅导团"、"浙江省优秀曲艺节目展演团"、"浙江省书画专家辅导团"、"浙江省摄影专家辅导团"。如今拥有8个专家辅导和展演团队,大大扩展了"'唱响文明赞歌'文化下乡"队伍阵营,为"文化配送"和"文化育种"拓展了活动空间,丰富了活动内容,增强了活动力量。

（二）成效显著，呈现鲜明的品牌特色

"唱响文明赞歌"文化关爱老、少、边、贫地区系列活动特色显著：

群众文化与专业文化紧密结合。"唱响文明赞歌"团队既有来自浙江省群文系统的专家、业余演员，也有来自专业院校、文艺院团的教授、艺术家，所有团员均为浙江群众文化系统的正、副研究馆员，以及我省各大艺术院团、各大艺术院校的国家一、二级演员，正、副教授。同时，还特邀了省内部分著名作曲家、音乐理论家等其他艺术专业的专家加盟，拓展培训辅导的内容。专业文化和群众文化结合，提升了文化活动质量与效果。

示范演出和文艺辅导紧密结合。示范性演出面向广大群众，根据当地实际需求，开展各艺术门类的大型讲座和小型辅导等培训活动。艺术专家直接面向基层文化干部和文艺爱好者的做法，得到了广大基层的普遍欢迎与广泛好评。"配送文化"与"培育文化良种"相结合，让他们成为基层文化建设的"生力军"，让文化下乡化为乡下文化常留乡下，让文化良种在广大的基层、农村生根、开花、结果。

大型晚会与小分队演出紧密结合。大型晚会大多是结合当地的节庆活动需要，专门策划、编排，在人口集中的县城或乡镇演出，良好的舞台音响设备，能最大限度满足基层群众的文化需求。而小分队演出的优势，在于进村落、上渔船、下连队，能灵活机动地为偏远山区、海岛的群众演出，把文化送到百姓家门口。如 2005 年 9 月"唱响文明赞歌"团队在宁波象山石浦的系列活动，9 日上午，"浙江省优秀歌手展演团"派出部分歌手，组成演出小分队，来到东海之滨的渔船上，把优美的歌声献给了渔民朋友；晚上，艺术家们又不辞辛苦，在被称作"浙江渔业第一村"的石浦东门渔村的舞台上参加一场规模盛大的专场演出。两种文化下乡的实践，都赢得了基层群众的赞誉。

（三）常备节目与基层群文精品紧密结合

"唱响文明赞歌"系列活动，把文化下乡与发展农村特色文化结合起

来。农民不仅是农村文化的受惠者,更是农村文化的建设者。一方面,下乡的常备文艺节目中除选择保留农民喜闻乐见的各类动态节目,也包括静态类的群文书画作品和宣传图片巡展,同时,书画专家辅导团、摄影专家辅导团吸收当地群文书画、摄影干部和业余骨干为基层群众送书画、写春联,给农家拍摄全家福,为农村孤寡老人拍新年照片,丰富了静态活动的动态氛围,使活动真正融入农村生活,引起农民的共鸣;另一方面,积极吸收当地在全国"群星奖"及全省评选中的获奖群文精品节目和挖掘当地丰富多彩的农村特色民间文化资源,扶持农村文化新人,让基层群文精品登台、乡土文化人才亮相,以满足农民自演自赏、自娱自乐、自我发展的精神追求,激发农民自办文化的热情和潜力。

在浙江省"唱响文明赞歌"文化关爱老少边贫地区系列活动带动和影响下,全省涌现出的"钱江浪花"艺术团文化直通车巡演、"文化配送"、"文化走亲"等创新性的群文活动服务,全省各地掀起了文化下乡的热潮。省、市、县100多支文化下乡演出队,每年下乡巡演1000多场次,把文化送到农村群众的家门口,丰富了基层群众的文化生活。

二、创新启示

浙江省"唱响文明赞歌"文化关爱老少边贫地区系列活动已成为浙江省群众文化品牌活动,其创新做法具有广泛影响和启示作用。

(一) 文化资源整合机制,是文化下乡稳步进行的保障

群众文化与专业文化相结合,既整合了文化资源,使文化下乡团队充满了生机活力,又源源不断地为基层、农村"送文化"、"育文化"。由省群艺馆精心筹划成立的"'唱响文明赞歌'浙江省声乐专家辅导团"等8支团队,聚集了省内群众文化界和艺术团体、专业院校许多专家。另外,又选拔我省数年来在全国、全省比赛、评选中获得高奖的演员组成"'唱响文明赞歌'优秀演员展演团",与"艺术专家辅导团"以各自的优势互

补,提升活动的档次和品位。

(二)基层文化培育机制,是文化下乡目标实现的关键

送演出下乡确实活跃了基层群众的文化生活,但演出是短暂的,演员们来了,给农民带来的是"见真人看明星"的满足,演员们走了,留下的是对下一次演出的期盼。"唱响文明赞歌"活动变"送"文化为"种"文化,对于实现老、少、边、贫地区"文化低保"、"文化共享"的目标尤为重要。因此,一方面,通过示范性演出,丰富新时代农村文化生活;另一方面,通过辅导培训,培育基层、农村优秀的文化"良种",直至发芽、开花、结果,日益影响和带动着基层、农村文化的自身繁荣发展。

(三)演出模式灵动机制,是文化下乡效益追求的手段

大型晚会的演出主题突显,演出阵容整齐,艺术感染强烈;而小分队演出模式多样,人员节目灵活,队伍轻装上阵,则适合于群众住家分散的山村、海岛,能深入到农家小院、村头田间、海滩渔船,能让在劳动现场的群众欣赏文艺节目,或参与表演、辅导活动中来。大型晚会演出与小分队演出模式,机制灵动,点面结合,争取了文化下乡效益的最大化。

杭州市群众文化"集约化、一体化"运行机制创新出成效

如何充分发挥文化馆、文化站等各级群众文化机构的作用,加强对群众的文化服务,进一步激发群众的活力,是各级文化部门一直以来在努力探索的问题。2008 年,杭州市文化主管部门提出了群众文化"集约化、一体化"运行机制的创新构想,其主要目标是:增强全市各级群文机构的协调配合,加强全市群众文化资源要素的合理配置和资源的整合利用,从而形成三级联动、区域共建、运转有序、服务高效的群文工作组织运行机制。这一创新工作是在杭州市文广新局领导下,由杭州市文化馆牵头,联合全市各区、县(市)文广新局及文化馆共同实施的群众文化工作创新项目。2009 年,获得浙江省基层公共文化服务创新奖一等奖,全国第十五届"群星奖"项目奖。《光明日报》《中国文化报》《浙江日报》、《杭州日报》等媒体对杭州的群文创新工作陆续进行了报道。

一、以平台创建促"三整合"

以平台创建,推动群众文化资源的有效整合,是杭州市群文运行机制创新的重要手段。在市文广新局的领导下,市文化馆联合各区、县(市)文广新局和文化馆,开展"一网、一团、一体系"三个平台的打造,有效推动全市群众文化服务资源、人才资源和团队资源的全方位整合。

（一）以杭州群众文化网为平台，促进全市群众文化服务资源的整合

由市文化馆牵头创建的杭州群众文化网（www. hzwhw. com）由主网站和13个区、县（市）子网站构成。网站具有两大功能：一是信息服务功能。网站整合了全市的群众文化、公共文化信息资源，设有群文信息、演出信息、电影信息、展览信息、讲座信息、图书信息、杭州文化地图、非遗中心、专题报道等栏目，并开设了群众文化人才、团队、节目资源库，是目前杭州市群文信息最为丰富的一个网络平台，为广大群众查询文化信息、参与文化活动提供了便利。二是文化配送功能。网站通过整合全市群文服务资源，设立了配送服务平台，在配送平台上，上挂杭州群众文化服务菜单，接受基层群众的点击预约，从而实现了群文机构与市民群众的文化服务供需对接。目前，网站的免费服务菜单上，主要有两类文化服务内容，一是演出服务，每年平均有300多场由政府采购、由群众文化机构实施的各类文艺演出；二由全市相关群文业务干部和部分文化艺术专家提供的培训辅导服务。随着网站整合功能的增强，所提供的服务内容将不断增加。目前网上预约通道已面向全市所有乡镇（街道）和近200个社区全面开通。

（二）以杭州群众文化团队建设为平台，促进全市群众文化创作力量和人才资源的整合

整合杭州市和各区、县（市）及民营文化团队的资源，建立了新青年艺术团、哈哈滑稽艺术团、京杭民乐团、铜管乐团、合唱团、少儿艺术团、中老年艺术团、腰鼓团等团队。群众文化团队不仅集聚了全市群众文化机构的主要创作力量，还将一些专业演出团队的退役人才和部分有实力的民营剧团招至麾下。通过签约加盟、项目合作的形式，建立起了一种既有别于专业艺术团体，又便于集中力量完成创作表演任务的半紧密型合作关系，大大提升了全市群文机构开展创作活动，服务广大群众的整体实力。在这个平台上，至今已完成创作节目30个。同时，为给杭州群

文配送基层服务点提供预约辅导服务,还与省、市文联和省、市非遗中心、地区文化馆等单位提供的人才,建立预约配送培训辅导师资库,2011年新增培训辅导老师 94 名,基本满足基层群众业务培训需求。

(三)以评级管理体系为平台,促进业余文化团队资源的整合

杭州有数千支业余群众文化团队,它们是推进群文事业发展的主要力量。在对这些团队的整合管理方面,杭州各区、县(市)文化部门进行了多方面探索,如上城区成立了文艺团队联合会,将该区 300 余支群文团队近万名文艺爱好者纳入统一管理平台,余杭区、下城区采取了等级团队、星级团队评定办法。在各区、县(市)群众文化团队管理工作的基础上,杭州市确立了全市群众文化团队评级制度,通过评定杭州市群众文化示范团队、杭州市群众文化星级团队,加强对这支队伍的管理。“杭州市群众文化星级团队”每两年评定一次,评为“星级团队”的队伍,市文广新局给予一定的奖金补助,市文化馆在业务上给予重点辅导。2010年,全市共评选“星级团队”102 支。这些团队被市民称为“家门口的艺术团”,2011 年全市业余艺术团队开展各类演出活动 5 万余场,极大地丰富了群众的业余文化生活。

二、以资源整合促“三转变”

以资源整合,促进群众文化运行方式的转变,是杭州市群文运行机制创新的核心内涵。三年的创新实践,为杭州的群众文化带来了可喜的变化。

(一)群众文化格局从“小、散、杂”向“大整合、大利用”转变

网络服务平台、业余文化团队评级管理平台、群文人才资源、创作资源整合平台的创建运作,改变了过去群众文化画地为牢、各自为政的格局,确立了群众文化集约化、一体化发展的态势。在此基础上举办的杭

州社区艺术节,就是杭州市群众文化一体化运作的成功实例,每届艺术节上,市、区、街道三级联动,全市有近2000支业余文艺团队参加了艺术节活动,充分展示杭州群众文化团队的整体风貌。群众文化集约化、一体化运作,使得全市的群众文化资源得到了充分的利用。

(二)"送文化"服务从"分配形式"向"供求形式"转变

多年来,我们在开展送文化下基层活动中,基本沿用了计划安排的方式,这种方式在一定程度上满足了群众的文化需求的同时,也产生"给什么看什么"、"想看的看不到,不想看的偏偏送过来"等供需背离的问题。整合杭州群文服务资源,建立杭州群众文化服务网,运用互联网的广覆盖和便捷特点,通过网络实施配送,使群文服务供需之间的无缝对接成为了现实,真正满足了群众内在的文化需求。2011年,杭州群众文化网已建立群文配送基层服务点421个,通过网上预约的方式,为基层配送各类演出700余场,配送培训辅导60多次,更新网络信息13000余条,网上点击量达50余万次。

(三)业余群众文化团队从"自娱自乐型"向示范带动型"转变

群众文化团队评级管理体系的建立,促进了各团队间的交流、竞争和互动,增强了优秀群文团队的示范、带动和辐射作用。在优秀群文团队的带动下,群众参与文化活动的积极性越来越高,群文活动的参与面越来越广。评级机制的形成和培训辅导机制的强化,也大大促进了杭州群众文艺水平的提升。在杭州社区艺术节、杭州市"三江"歌手大赛中,参赛的节目水平已经大大不同于以往人们印象中业余文艺团队的水平,得到著名歌唱家谭丽娟、浙江艺术研究院院长黄大同等许多专家评委的高度肯定。为了充分发挥这支队伍的作用,杭州市及各区、县(市)的文化部门针对群众文化团队的特点,为他们量身打造了杭州市"社区艺术节"、杭州市"群星大舞台",余杭区"相约周末·文化夜市"、"与您相约·周末剧场",上城区"吴山文化大舞台"等一系列展示平台,使得群众文化团队不仅是群众自我娱乐、自我陶冶的团体,也成为文化主管部门开展公益文化活动、丰富城乡文化生活、推动基层文化建设的重要力量。

三、以机制转变促大发展

群众文化"集约化、一体化"运行机制的创新,为杭州的群众文化提供了强大的动力,使杭州的群众文化呈现出崭新的面貌。

(一)群文机构活力持续增强

各级群文机构的业务水平、服务意识和服务能力进一步提升,在积极开展多种形式群文活动的同时,2009年起,每年全市、区文化馆业务干部深入基层开展文化辅导近万次,并且数量每年递增。

(二)送文化力度进一步加大

2009年至今,全市各级政府送演出、送戏、送电影、送书籍、送培训等送文化项目不断增多,采购文化活动经费平均5000多万元。仅送演出一项,平均每年达3000余场。

(三)群众文化团队不断壮大

据不完全统计,2011年杭州有各类群众文化团队6012支,11.5万名群众文化骨干,他们活跃在杭州的乡村、社区,成为一支支老百姓家门口的不走的艺术团,其中各类上等级的文艺团队更是起到示范引领的作用。

(四)群众文化活动不断加强

2009年,全市开展各类群众文化活动51500多场,2010年猛增到104441场。2011年,仅杭州市公布的38个第二批基层文化活动基地、未成年人文化活动基地和农民工文化活动点就开展群文活动1102余次,获县(区、市)级以上各类奖项达429次。

（五）群众文艺创作不断繁荣

2009年，全市创作音乐、舞蹈、戏剧、美术等各类群众文艺作品3300多个（件），比上年度增长21％；获得省级以上奖项作品达300多个（件）。2011年仅杭州市文化馆业务干部创作辅导的节目，获省级以上奖项就达65项。

庆元县"月山春晚"——中国最山寨春晚

"月山春晚"起源于 1981 年,比央视春晚创始时间还早两年,由一个偏远山村——浙江省庆元县举水乡月山村的农民们自编、自导、自演的春节联欢晚会。这台上演了 30 年的"月山春晚",如今被誉为"中国最山寨的春晚"、"中国式过年之文化样本"入选浙江省高中语文教材。

"月山春晚"独特的文化现象,受到社会各界的广泛关注,中央电视台、《人民日报》、《南方周末》、《浙江日报》、《钱江晚报》、《华东旅游报》等全国主流媒体,都对此进行了专题报道,先后累计 200 余次;2010 年的"月山春晚",更是吸引了新华网、人民网、新浪网、浙江在线等 20 余家知名网站的网上同步直播;如今在互联网谷歌中文搜索引擎上,输入"月山春晚",即可获得约 1520 万条搜索结果,"月山春晚"已成为闻名全国的群众文化活动品牌。

一、"月山春晚"的内容和特色

(一)举办时间的持续性

"月山春晚"最大的特点是举办的持续性,不受环境、经费、人员等因素制约和影响,从未间断,创始 30 年坚持举办了 30 届。"月山春晚"的演出舞台,从最初简陋的操场发展到如今灯光、音响、设施齐全的村大会堂;表演形式从最初简单的自演自唱、自娱自乐到如今汇集歌舞、器乐、小品、舞台剧等门类齐全的文艺节目。"月山春晚"从简单到精美,从简陋到完善,在月山全体村民的不懈坚持下,一步一个脚印,从改革开放之初一直演到新世纪,演了 30 年,这在全省乃至全国都极为少见。

(二)参与群体的广泛性

"月山春晚"第二大特色是当地农民的自发性和广泛的参与性,男女童叟同台演出,上至 90 多岁白发老人,下至 4 岁孩童,村民们男女老少齐上阵,一同体验一同快乐。一直以来,"月山春晚"的组织者、参与者和观看者都是月山村的村民群众。随着"月山春晚"的逐年发展壮大,组织群体从老少兼有的非专业人员到具有高效组织和执行水平的年轻志愿者专业团队;参与群体从几个孤单年轻身影到全体村民共同参与、并吸引月山村以外人群参与的庞大群体,其组织规模和表演水平逐年提升。至此,"月山春晚"已成为一台集聚农民思路,不断创新发展,有着深刻内涵的高质量村级春晚。

(三)节目内容的独创性

多年来,在月山村一批学生青年"月山芽儿"的有序组织、精心策划及文艺工作者的指导协助下,"月山春晚"参与面更广、内容更丰富、形式更新颖、特色更鲜明。广受媒体报道和赞誉的"月山春晚"品牌和王牌节目——"农装秀"和"农活秀",展示了犁田、捉泥鳅、插秧苗、打稻谷、编草鞋、种香菇等原汁原味农业生产场景,其创意和包装显示出极强的创新意识,是浙江农民"种文化"活动最到位的诠释和展现。此外,"月山春晚"中的农民十二乐坊、"天黑赶路、天亮卖鲜"情景剧以及根据该村国家级文保单位"如龙桥"(廊桥)爱情传说改编的舞台剧《如龙与来凤》等极富创意的特色节目,都充分体现了"月山春晚"扎根基层的草根属性。它所表现的内容和形式,所反映的主题都来自群众日常生产生活,为群众所喜闻乐见。其生活真实与艺术真实的有机融合,抒写的是人民群众生产生活喜怒哀乐的场景,其淳厚质朴的农味,加以恰到好处的艺术设计,让群众能参与,看得懂,体验深,从而使"月山春晚"能持久坚持,历久弥新,也使"月山春晚"进一步走出大山,走入都市、走向全国。

二、"月山春晚"的成效和影响力

"月山春晚"在丰富农村文化生活,弘扬传统文化的同时,促进了乡风文明,推动了和谐文化建设。月山村由此获得"省级文化示范村"、"浙江省文化建设示范点"、"浙江省基层宣传思想工作三贴近创新奖"等多项殊荣。

从 2005 年 2 月 4 日浙江《钱江晚报》刊登《中国式过年之文化样本——月山村春晚》,到 2007 年该文章被浙江省《高中语文读本》(必修一)的新闻单元收录,再到近两年报刊、电视、网络等媒体的全面报道,"月山春晚"的影响力和知名度持续攀升。

——2007 年,"月山春晚"在庆元县城市民广场举办专场文艺演出,让县城居民领略了"月山春晚"的魅力。

——2008 年,"月山春晚"进军省城杭州,名为"昨日重现"的"农活秀"节目在杭州横河公园进行了特色文艺展示,赢得现场观众和专家的一致好评,凭借"月山春晚"特色文化所散发出的原始韵味和历史文化气息,庆元县举水乡在浙江电视台"新农村冲击播"活动中获得浙江省"十大电视助推特色乡镇"提名奖。

——2009 年,特色节目"农活农装秀"再度赴杭参加浙江电视台《本塘春晚》的节目录制,当年"月山春晚"的孪生活动"山谷农民闹元宵",受到浙江卫视《更生更有戏》栏目的青睐,以该活动为主题的《更生更有戏》节目创下 2009 年元宵节期间浙江卫视全国收视率第一的佳绩。

——2009 年 1 月 24 日,"月山春晚"新闻报道上了中央电视台《新闻联播》。

——2009 年 2 月 19 日,《人民日报》文艺评论《关于"山寨文化"的反思》中涉及"月山春晚"文化现象。

——2007 年以来,"月山春晚"相继被《南方周末》、《浙江日报》、《钱江晚报》、《华东旅游报》等报刊媒体 200 余次报道或转载,其中头版头条

40 余篇。

—— 2010 年春节,新华网、人民网、新浪网、浙江在线等知名网站对"月山春晚"进行网上直播后,更加全面、更大幅度地提升了"月山春晚"这一群众文化活动品牌的知名度和美誉度。

—— 2010 年,"月山春晚"以其独特的文化样式,及品牌化的引领作用,荣获第十五届全国"群星奖",成为名副其实的全国性群众文化活动品牌。

三、"月山春晚"的示范和辐射效应

近年来,随着"月山春晚"的创新发展和各大媒体的发掘报道,"月山春晚"显现出多方面、全方位的示范和辐射效应。

(一)充分激发乡土文化能量

"月山春晚"的成功,带动庆元县其他乡村的农民也自发组织了多台形式各异的春节晚会,及多个地方特色文化节。庆元县委、县政府以此为契机,连续组织开展了四届农村文艺汇演活动,让农民群众自编自唱、自演自赏,从而使他们的精神文化需求获得了多层次、多样性的满足,带动庆元农民"种文化"活动向全面纵深发展。

(二)有效拉动文化旅游产业

"月山春晚"不仅内容土味十足,还与当地春节搓黄果、蒸年糕、打糍粑及闹元宵、迎神庙会等传统民间民俗风情有机结合,相映成趣,构成节日旅游亮点,迎合了都市人们返朴归真的心理,对城市游客产生了极大的吸引力,促进了当地旅游业的快速发展。

(三)全面引发社会深层思考

随着近年来各大媒体对"月山春晚"多角度、高密度的聚焦和关注,

"月山春晚"声名远播的同时，社会各界关于"山寨文化"、"草根文化"等新文化现象的思考和讨论也不断升温。江湖之远的"月山春晚"等非主流文化，与庙堂之高的主流文化冲击碰撞，引发的却是广大农民朋友更多的关注和青睐。"月山春晚"等非主流文化以其理念的超越性、形态的独创性、发展的广延性，显现出强大的生命力，并因此荣获全国"群星奖"，不仅体现了浙南山区群众文化的水准和影响力，也充分展示了庆元县群众文化的发展成果，更体现了社会文化的包容和进步。希望更多的"月山春晚"走出"山寨"，走向更广阔的天地！

"一证通"让杭州人享受家门口的图书馆

为实现覆盖城乡、全民共享,让文化惠及更多人群的职业理念,2003年由杭州市公共图书馆率先在杭州地区七县(市)创造性地设计、规划和实施了公共图书信息服务"一证通"工程,构建起以"中心馆—总分馆制"为模式的四级图书信息服务网络,实现了地区图书信息机构间文献资源的共建共享和大流通,有力保障了公民自由平等获取信息和知识的权利。"一证通"让杭州人享受家门口的图书馆。

一、资源整合是"一证通"的最大优势

杭州公共图书服务"一证通"工程,是建立以杭州图书馆(文化信息共享工程市级分中心)为总馆,区、县(市)图书馆、专业图书馆及院校图书馆为分馆,街道、乡镇图书馆(三级)及社区、村图书室(四级)为基层点的图书信息网络体系。地区内图书馆的文献不受限制地在所有图书馆间使用、流转、存储,构建起真正完善的四级图书信息服务网络,实现地区图书信息机构间文献资源的共建共享,建立起地区信息服务保障体系,打破了图书信息服务机构间信息资源、人员、经费、设施处于条块分割、分散管理、无法有效配置及统一管理的局面,形成了公共图书馆实质性的联盟。服务信息网络建立后,各成员单位处理加工的文献资源集成在一个书目平台展现,原有单一图书馆的文献资源已扩展为整个网络所共有,实现了通借通还的大流通服务。

二、方便快捷是"一证通"的最大特征

借助"一证通"建立的涵盖全市的四级网络图书馆(室)文献资源的大流通体系,读者在任何一地都可借阅网络内所有图书馆(室)的文献;可此地借、彼地还,并可享受个性化的文献借阅预约服务,48 小时内读者可在最近的服务点上获取预约的图书,实现"通借、通还、通阅",为读者灵活选择文献借阅提供了极大的便利。尤其是覆盖了全地区 7000 余个乡镇(村)共享工程服务点的开通,让"一证通"工程服务延伸到城乡的每个角落得到保障。

"一证通"将数字资源及各馆馆藏文献高度共享,所有持证读者通过互联网可在任何一个网络内图书馆或基层服务点查阅数字资源。通过总馆(杭州图书馆)的运作,实现地区内文献的不间断流转,弥补了基层服务点资源缺乏的不足。"一证通"实现了城市中心图书馆向基层延伸,读者在家门口的图书馆(或任一成员机构)从文献检索系统进入,可看到某文献在网络内各机构的收藏或使用状况。目前"一证通"工程借助全国文化信息资源共享工程、农村党员干部远程教育网络系统及东海明珠工程,创建了 130 余家"一证通"基层服务点,实现了 2000 多个乡镇(村)的共享工程基层点的网络布点和开通,达到了杭州地区城乡图书馆服务的全覆盖。

三、文化创新是"一证通"的最大亮点

创新,是"一证通"的最大亮点。在理念的创新上,变资源管理以"藏"为主改为以"用"为主,在大流通中体现文献的增值,网络内所有成员单位倡导"平等、免费、无障碍"的服务,建立起"开放互联、集成共享"的图书信息服务理念;在管理的创新上,"一证通"工程实现了跨地区、跨部门的图书馆整合,由原来的单一型图书馆管理转变为行业管理,资源服务充分共享,形成行业大同,采用统一的信息管理系统及业务操作规范,突破了街道乡镇、社区及村级基层服务点的发展瓶颈;在服务创新上,"一证通"在全国首创了发放跨地区、跨部门图书馆通用的借阅证,读者在任何地点可自由享受图书信息服务,实现了"十五分钟文化圈"。

"一证通"工程实施以来成效显著,一个内容多元、网点布局合理、文献通借通还、资源共建共享、服务高效便捷的城乡一体的公共图书信息服务体系已基本建成。截至 2010 年年底,杭州市已建立区、县(市)馆 11家,建立棋院分馆、佛学分馆(在建)、盲文分馆、印学分馆等专业性分馆5 个,"一证通"服务点 654 个,"一证通"流通点 1344 个。"一证通"服务体系累计外借册次(系统)达 437172 册,累计外借人次(系统)达 127385人。这一做法保障了公众获得基本公共文化服务权益,大幅度增加了图书信息服务的覆盖面,实现了图书馆资源共享及利用的最大化,使基层图书馆也成为市、县图书馆的重要服务节点和服务体系中的有机组成部分,促使城乡高度融合,真正做到"平等、免费、无障碍"服务,面向社会大众的阅读文化普及活动不断提升城乡居民的生活品质。而从成本核算来看,"一证通"所产生的实际效益,远远超过各成员单位自行建设所能达到的水平。

2010 年杭州市主城区(不含萧山区、余杭区)"一证通"工程建设情况表

区、县(市)	已建"一证通"服务点		已建"一证通"流通点	
	乡镇/街道	村/社区	乡镇/街道	村/社区
江干区	8	110	0	0
拱墅区	10	30	0	0
上城区	2	24	0	0
下城区	3	23	0	0
西湖区	5	19	0	0
西湖风景名胜区	0	3	0	0

续表

区、县(市)	已建"一证通"服务点		已建"一证通"流通点	
	乡镇/街道	村/社区	乡镇/街道	村/社区
滨江高新开发区	1	4	0	0
经济技术开发区	0	2	0	0
总计	29	215		

2010 年杭州市七区、县(市)一证通工程建设情况表

区、县(市)	已建一证通服务点		已建一证通流通点	
	乡镇/街道	村/社区	乡镇/街道	村/社区
萧山区	25	207	0	70
余杭区	15	12	0	222
桐庐县	10	22	2	149
淳安县	2	40	11	342
建德市	9	10	3	113
富阳市	12	23	0	128
临安市	6	17	20	284
总计	79	331	36	1308

"一证通"工程借鉴了发达国家图书馆发展的经验,代表现代公共图书馆发展的潮流,体现了世界城市图书馆发展的趋势,是国内图书馆界具有革命性的一项创新工程。所以,文化部对"一证通"工程的评价是:"杭州市文广新局具有战略眼光,城市中心图书馆的服务向基层延伸具有时代意义。"《中国文化报》、《人民政协报》、《浙江日报》、《杭州日报》等媒体都对公共图书馆"一证通"工程进行了大幅专题宣传报道。2006 年"一证通"工程被评为"杭州市宣传思想工作十大创新项目"、杭州市市直单位创新目标二等奖。2007 年获全国第十四届公共图书馆服务"群星奖"。

"唱响定海·全民 K 歌赛"
——草根文化的盛宴

2009 年 7 月,舟山市定海区文化部门立足群众需求,紧扣"热爱定海、赞美定海、唱响定海"主题,启动"唱响定海·全民 K 歌赛",在半年时间内举办了 100 余场涵盖 118 个社区、15 个乡镇(街道)、区级等各层面的比赛。

"唱响定海·全民 K 歌赛"自启动以来,受到基层群众的热烈追捧,它以全民性、草根化的歌咏活动为载体,采用鼓励、引导、推进、创新的运作方式,突出群众的主体地位,实现了群众从文化享受者到享受与生产并重的角色转变。"全民 K 歌赛"是舟山市宣传、文化部门面对社会思想多元、多变、多样的新特点,以及文化软实力竞争日趋激烈的新趋势作出的大胆尝试,更是立足地区实际,创新基层文化服务方式的一次有效探索,为广大群众提供了"贴近实际、贴近生活、贴近群众"的基层文化服务,打造了弘扬草根文化的一道盛宴。

一、"全民 K 歌赛"运作方式的创新

(一)凸显全民草根特色

"全民 K 歌赛"与群众需求紧密挂钩,突出了群众的主体地位,增强参与性,实现文化的大共享。它突破以往歌唱比赛的组织模式,以"全民唱响定海"为目标,大胆采用宽口径、高密度相互补充的构建形式,将活动参与面拓展到最大限度。全区 118 个社区和比赛现场都设有报名点,

年满 16 周岁的定海居民、部队官兵、大中院校学生以及外地在定海的工作者,均可一展歌喉,尝试美声、民族、流行、原生态等各种唱法,也可组队参赛。活动特别注重弱化竞争性,凸显娱乐感,海选在全区所有社区铺开,且谢绝获市级以上(包括市级)各部门组织的演唱类二等奖以上的歌手,以及专业演出团队和群文系统声乐工作者参加,以确保群众在家门口就能尽情歌唱。目前,已有 4000 多人报名参赛,整个赛事密度大、场次多,海选、复赛、决赛三大阶段共举办 100 余场比赛,观者如潮,充分满足和调动基层群众歌曲演唱、音乐欣赏愿望,以高参与率实现文化共享。

(二)强化活动创意环节

"全民 K 歌赛"在形式上推陈出新,实现"人有我精",突破了基层文化服务创新的瓶颈。它在借鉴娱乐选秀活动互动策划方案的基础上,将创意感引入基层文化活动中,综合运用现场比拼、短信投票、视频展示等方式引导群众评选"民星"以提升人气。活动各阶段的互动环节形式多样,各有侧重。海选期间主推"PK"环节,观众如错过报名,可在选手演唱完毕后击鼓攻擂,一决高下,争夺晋级名额。复赛和决赛期间则将互动与选手支持率联系起来,为活动造势。如设置复活赛,根据观众短信投票数额从淘汰者选取人气歌手重新进入比赛;开展"为我加油"亲友团签名活动,选手们通过走街串巷造访群众,结合表演宣传自我,获得群众签名支持,从而获取比赛支持分;上传选手个人视频至定海文化新闻出版局网站大赛专题,展示"民星"风采等等。同时还打破专家权威垄断,引入民间评委并设置"最佳人气奖",大胆给予群众话语权,将群众喜爱、群众支持作为评选的重要标准。创意感的提升,打破了"你唱我看"的传统活动形式,进一步促使群众对大赛始终保持关注状态。

(三)营造地域文化氛围

"全民 K 歌赛"以文化活动为载体,实现服务方式创新,力求在活动品位和品质上有所提升,营造"通俗而不流俗"的文化氛围,以吸引、感染群众。"全民 K 歌赛"重点凸显了地域文化的地位,弘扬定海特色,将海洋文化、乡土文化巧妙糅合到活动中。大赛吉祥物"畅畅"寓意"爱唱歌的海洋小精灵",主题歌《定海梦想》为新居民选手原创歌曲。同时,主办方还整理一些定海趣味知识作比赛题目,选手答题表现计入比赛成绩;在决赛中安排特色环节"舟山民风集结号",邀请民间艺人表演《拔锚号子》《打水号子》等富有浓郁乡土风情的节目,促成民间艺术与现代选秀的交流。

二、"全民 K 歌赛"创新化运作取得的成效

(一) 拓展文化活动覆盖面

通过广泛宣传,"全民 K 歌赛"共吸引了 4000 余名选手报名参加,他们来自各行各业,年龄跨度极大,充分展现了大赛"草根性"和"全民性"特色。活动启动后,特别是首场社区海选开唱以来,群众受现场气氛感染,参赛人数飙升,现场报名人员络绎不绝,其中新居民选手参赛愿望尤为强烈。赛事场次安排呈现出供不应求的趋势。据保守估计,仅 7 月至 8 月初的社区海选阶段,就有约 10 万观众参与到活动中来。至此,"全民 K 歌赛"已成为基层群众文化生活的一道盛宴。

(二) 倡导海岛社会和谐风

"全民 K 歌赛"将参赛主体设定为基层群众,为草根选手搭建了展示才华的舞台,显示了基层文化活动的强大生命力。它不仅用歌声凝聚人气,用旋律制造共鸣,促进了邻里之间、新老居民之间的感情融洽,而且将群众的兴奋点从麻将桌、是非场转移到健康积极的文艺活动中来,满足了群众自我超越、情绪释放的强烈愿望,有利于形成共建共享社会和谐的良好氛围。同时,"全民 K 歌赛"通过弘扬"热爱定海、赞美定海、唱响定海"主题精神,提炼草根智慧,使得社会和谐的导向性更加明显。

（三）助推农村文化事业发展

长期以来，农村文化活动受信息渠道相对狭窄、交通不便（舟山为群岛城市）等客观因素限制，文化组织力量较城市薄弱，群众参与度不高。文化部门以"全民 K 歌赛"为契机，通过下派专业技术人员传、帮、带等形式扶持农村文化，在方案策划、宣传发动、活动举办等方面给予积极指导，促使乡镇文化站工作重心逐步由组织型向组织和指导管理型并举型转变。同时，注重挖掘农村文艺人才，倡导社区干部、普通群众担任活动主持人和工作人员，打好"农村牌"、"农民牌"，将农民群众作为农村文化建设主体，推上基层文化活动的前台。

三、"全民 K 歌赛"的创新启示

（一）整合优化活动构建平台

歌咏是较为大众化的文化活动，群众基础相对深厚扎实。以社区海选、乡镇（街道）赛区晋级海选为主要活动平台的构建方式，在赛事场次安排呈现出供不应求的趋势。"全民 K 歌赛"的一大创新亮点在于，从整合优化活动构建平台入手，一方面保留以地域为标准的场次设置形式，丰富基层群众"家门口"的文化生活；一方面开设新居民专场、大型企业专场、军旅专场等针对性强的活动平台，拓展基层文化服务覆盖面。

（二）深入挖掘基层特色文化

"全民 K 歌赛"的大获成功，关键在于"特色"和"多样"上下工夫，以"大活动"带"小活动"，求同存异，以创新激发基层文化活力。"全民 K 歌赛"在歌咏活动的大背景下，深入挖掘各社区乃至各乡镇（街道）的特色文化，做到"歌咏搭台、特色展示"，在基层培育出"全民 K 歌赛"子品牌，解决基层文化活动主题日趋同化、活动内容千人一面的问题。如在社区层面依托"全民 K 歌赛"平台,创设"社区之歌"子品牌,通过引导居民编写、评比、演唱本社区宣传歌曲,倡导积极向上的精神风尚,增进群众和谐。

(三)实现活动品牌抱团运作

"全民 K 歌赛"作为新兴基层文化活动,优势在于短期参与人数多、氛围浓厚。但不可否认的是,其在骨干队伍培育、品牌发展规划等层面与成熟品牌存在差距,品牌辐射力较为薄弱。"全民 K 歌赛"密切与成熟品牌间实行联系与互动,借鉴其规划经验并加以深化,抱团运作,共同融入公共文化建设体系中。以紧扣成熟基层文化活动品牌运作环节,通过开展品牌间联谊活动,将"全民 K 歌赛"活动纳入品牌集团中,取长补短,互为补充,共享品牌辐射力。

(四)积极整合舆论引导资源

"全民 K 歌赛"将基层文化活动从单一的娱乐层面,提升到思想道德建设和群众性精神文明创建层面上来。为实现活动内涵的提升,文化部门依靠强有力的宣传媒体对"全民 K 歌赛"活动内容进行深入挖掘,寻找舆论兴奋点、聚焦生动典型,依托丰富多彩的活动,以提高公民文明素质和社会文明程度。同时积极整合舆论引导资源,发挥媒体特有的社会感召力,在采用广播、电视、报纸、网络全面跟进报道赛事的基础上,对新居民、流动党员、重点大型企业等群体参与情况进行跟踪报道,充分体现"全民"、"草根"、"和谐"的品牌亮点,实现"全民 K 歌赛"活动内涵的提升与创新。

(五)构建活动开展长效机制

构建活动开展长效机制,拓展基层文化服务方式创新的生命力和延伸度,是应对创新后续效应弱化的具体措施。落实到"全民 K 歌赛"的具体运作上,建议采用"点面结合"的组织模式。"点",即"焦点",办好赛事活动;"面",即"日常活动面",借鉴"文化角"、"戏曲角"等社区文化活动方式,高度发挥文化基础设施的作用,引导群众开展定时开展活动,巩固群众基础。以点带面,以面促点,形成立体化活动网络,不断提升基层文化服务方式创新的后续效应。

东阳"百姓文化茶坊"
——百姓的"文化乐园"

东阳"百姓文化茶坊"是以茶座为主,结合道情、花鼓等传统民间艺术展演,同时提供图书报刊阅览、棋类娱乐等项目,辅以非遗、书画、摄影成果等展示,融休闲娱乐、道德教育、非物质文化遗产传承为一体,免费向市民开放的文化活动场所。

"百姓文化茶坊"自 2009 年 5 月份开放以来,受到群众的热烈欢迎,人气旺盛,热度不断攀升。每周二到周六的下午和晚上,不同层次、不同年龄、不同社会阅历的市民,都在幽雅舒适、文化氛围浓厚的环境中听曲喝茶,享受道情、花鼓、说书等传统民间艺术,同时也浏览欣赏"非遗"文化展览,阅览报刊图书,交流书画创作,参与棋类比赛,等等。如今,"百姓文化茶坊"已成为名副其实的百姓"文化乐园"。

一、基本做法

"公益文化惠民,传统文化育人",这是东阳"百姓文化茶坊"创办的基本宗旨。为了跟上社会发展的节奏和需要,满足新形势下百姓不断增长的文化需求,也为了让百姓真正享受公共文化成果,东阳市政府不断探索群众文化创新模式,创建了"百姓文化茶坊"。

(一)以深入调研为创建依据

2008 年 7 月,东阳市政府及文化部门组织力量,深入到基层,向不同年龄、不同社会阅历的群众进行调研,通过近半年时间的努力,几经论证,几易方案,最后达成共识:以茶坊为平台,打造一处以传统文化为主要内容,融休闲娱乐、报刊阅读、学习教育、交流沟通、非遗传承为一体的,面向普通百姓的公益性室内文化场所,将坐落在商贸集聚的东阳市区十字街附近的清代古建筑"一经堂",改造成"百姓文化茶坊"。

(二)以传统文化亲近百姓

"一经堂"以前是大户人家的宅院,具有古朴清幽的传统文化气息。"百姓文化茶坊"充分利用"一经堂"古建筑的原结构,开辟"艺苑茶坊"和"雅趣茶坊"。利用"一经堂"第一进主厅设置一处表演小舞台,供道情、花鼓、说书等曲艺表演,主厅、天井及两边厢房走廊设置观众席200座,全部采用竹椅子,供欣赏观看曲艺演出之用。主厅的四周厢房设置单间茶室,室内放置竹椅、竹桌子,供品茶、交流、沟通、闲聊之用。利用"一经堂"第二进厅堂,厢房21间,分别设立图书室、报刊阅览室、书画创作交流室、象棋室等场所,供品茗阅读、研究、对弈等修身养性休闲之用。"百姓文化茶坊"以传统优秀曲艺、道情、花鼓为演出主题,以非遗项目展览来烘托环境的文化氛围,与中华民族传统的茶文化相得益彰,融为一体,以最亲和的姿态亲近百姓。

(三)以无偿服务凸显公益

文化部门派出专职人员负责茶坊日常工作,并聘用管理人员进行专业管理。免费提供茶叶、开水、茶具,无门槛、无贵贱、无限制,自由进出、自由阅读、自由活动、自由欣赏、自由交流,凡进入"百姓文化茶坊"的群众,一律免费。茶坊坚持每周星期二至星期日的每天下午和晚上开放,每周二、四、六晚上在"艺苑茶坊"内进行东阳道情、花鼓等民间艺术表演,所有入场群众一视同仁,敞门入场,完全向民众零门槛免费开放,真正体现公共文化服务的公益性。

二、社会成效

"百姓文化茶坊"至今已演唱道情、花鼓、戏曲80余场,开展书画交流 10 多次,戏曲创作交流 3 次,共接纳百姓 17000 余人次。随着"百姓文化茶坊"的有序进行,其社会影响日益扩大,取得了良好的社会效益。如今,在茶坊喝喝清茶、听听道情、看看书报,已成为东阳城区市民的一种时尚。

(一)和谐社会的有力推手

"百姓文化茶坊"得到了东阳市委、市政府主要领导的高度关注,自创办开始到运营至今,无论是关系协调、经费投入,东阳市政府领导都给予了大力支持,并对后续的进一步发展给予了高度关注。"百姓文化茶坊"开场的第一天,市委书记到场祝贺并作重要讲话,其他几大班子领导与市民百姓同场观看演出,同笑同乐,现场气氛欢快祥和,为构建和谐社会起到了有力的推进作用。

(二)新闻媒体的关注焦点

"百姓文化茶坊"创办后就得到了媒体的追踪关注,东阳市的广播电台、电视台、报社,一直以来都进行了跟踪报道,广为宣传。《金华日报》也曾几度采访,将它作为文化创新、文化亮点予以专题报道,《中国文化报》等国家级的新闻媒体也进行了宣传报道,并给予了高度评价。舆论宣传的导向作用使"百姓文化茶坊"的影响进一步有效放大,从东阳本地影响到周围县市区,成为文化创新的典型案例。

(三)平民百姓的文化乐园

"百姓文化茶坊"一开场,就得到了广大市民的广泛关注,几乎场场爆满,日日门庭若市。每场结束后,百姓意犹未尽,盼望着下一场的到来,由此折射出群众对"百姓文化茶坊"的由衷喜爱。为表示对"百姓文化茶坊"的支持,西垣村的老百姓送来了 15 斤茶叶;义工协会的义工送来了 1800 元价值的过滤式饮水机;百姓诗人题写了赞美"百姓茶坊"的诗歌……"百姓文化茶坊"自走进人们的生活后,引起了全民的关注,从而使之名满东城,享誉城郊,成为东阳市家喻户晓的文化乐园,老百姓心中一道亮丽的风景。

三、创新亮点

"百姓文化茶坊",顾名思义,就是为普通百姓提供一处以文化为主导的休闲娱乐场所,它的创办是对基层公共文化建设进行一次创造性的研究和探索,体现了政府的大文化意识,也体现了文化部门的文化创新精神。

（一）动静结合的文化大杂烩

"百姓文化茶坊"充分利用"一经堂"古建筑的自然结构,开辟特色鲜明、环境雅致的各种活动场所,满足群众的需求。一是开辟"艺苑茶坊",设置演出小舞台,观众席有近 200 座位,每周二、四、六晚上演唱东阳道情、花鼓等传统曲艺,同时组织戏曲演唱、民族器乐演奏等专场活动;二是开辟"雅趣茶坊",设立图书室、报刊阅览室、书画创作交流室、象棋室等,现有图书 3000 册,报刊 20 种,棋类 5 种;三是展出非物质文化遗产名录图片,将已公布的国家级、省级非遗名录"东阳木雕"、"东阳竹编"、"翻九楼"、"卢宅营造技艺"、"东阳土布"等,精心制作成图片并配有相关文字说明,整洁地悬挂于墙壁上,供群众欣赏。这种动中有静、融动态与静态于一体的文化大杂烩,将"百姓文化茶坊"的作用发挥到了极致,从多层面多角度去满足不同群众的不同需求,提高了集体满意度。

（二）全方位的文化共享平台

东阳城区的公共文化设施如剧院、影院、图书馆、博物馆等设施日臻完善,但它们的文化功能都是单一的或专项的,且有面对高层次大众的趋向,而百姓真正所喜爱的优秀传统民族民间艺术活动的场所,一直是空白。许多本地市民自发组织的文化活动场所都在露天广场,风雨寒暑,为条件局限所苦,感到非常无奈。而像东阳道情、花鼓等传统民间艺术,也急需有一个较为理想的活动场所进行传承。"百姓文化茶坊"的创办如雪中送炭,真正急百姓之急,需百姓之需,解除了百姓的燃眉之急,让他们有了真正属于自己的活动场所。"百姓文化茶坊"面向基层,服务大众,一切的文化活动、设施、场所都是面对百姓,除为他们提供固定的文化娱乐场所,更为他们提供相对应的文化服务,从而满足不同层次、不同年龄、不同社会阅历市民的文化需求,让他们从中获得精神享受。

(三)传统文化与现代娱乐的有机结合

"百姓文化茶坊"有别于商业运作茶坊,其创新特色即亮点是,在群众文化活动中,注入"东阳道情"、"东阳花鼓"等传统优秀文化与民族民间艺术。同时兼容并包,也吸纳一些其他曲艺表演形式,再附之以报刊阅览、棋艺竞技等现代文化项目,使之文化内涵丰富,大大地增加了对百姓的吸引力。道情、花鼓是群众所喜闻乐见的形式,在东阳城区几近消亡,久违的民间特色艺术,给百姓带来了亲切感、新鲜感。道情、花鼓是单人演唱,道具简易,适合茶坊这样的场所。道情、花鼓内容贴近实际、贴近生活、贴近群众,通俗易懂,而且道情、花鼓的内容寓意深刻,在喝茶中听道情、花鼓演唱,寓教于乐,潜移默化,特别受百姓欢迎。

(四)休闲生活与文化享受的轻盈碰撞

茶坊为百姓最为熟悉与喜爱的休闲场所,茶文化与民族民间艺术都为泱泱中华文明的精粹,博大精深,源远流长。新世纪以来,社会经济发展迅猛,百姓创业的精神压力很大,于是交流沟通、休闲生活成为百姓的向往,他们喜欢去舒适休闲的文化休闲场所,通过文化活动来释放和缓解生活、工作、创业所带来的压力。以茶坊为平台作为开展文化活动的一种载体和形式,正是百姓所喜爱和乐于接受的一种方式,"百姓文化茶坊"以普通市民为主要对象,搭建轻松休闲的交流平台,营造浓郁的文化氛围,引进市民喜闻乐见的文艺形式,提供贴近百姓的无偿文化服务,为广大市民送上免费的文化大餐。同时,"百姓文化茶坊"借助东阳道情、说唱、婺剧、越剧等形式,传播传统民间文化,让东阳道情等草根文化登上大雅之堂，让市民的休闲生活与文化享受有机结合，从而使"百姓文化茶坊"成为融休闲娱乐、道德教育和非物质文化遗产传承为一体的"文化乐园"。

公共图书馆建设的"嘉兴模式"

2007 年以来,浙江省嘉兴市构建城乡一体化的公共图书馆服务体系,其做法引起了业界关注,被称为"嘉兴模式"。目前,嘉兴已经建成了以市图书馆为总馆,乡镇图书馆为分馆的总分馆体系,实现了市本级范围内乡镇分馆的全覆盖。

嘉兴市公共图书馆服务体系建设的特点是"城乡一体化的总分馆制",表现为:建设规划城乡一体化,管理运营城乡一体化,资源流通城乡一体化,服务享有城乡一体化。最终的目的是消除图书馆服务的城乡差别,实现图书馆服务的"普通均等,惠及全民",让全市人民共享社会进步、文化发展的成果。

一、主要做法

(一) 政府主导,统筹规划

嘉兴市委、市政府在推进城乡一体化建设进程中,把公共图书馆服务体系建设摆到了应有的位置。

"政府主导"的具体体现是,总分馆建设的领导机制、推进机制、保障机制和管理机制由政府主导,而不是由图书馆主导。《嘉兴市图书馆乡镇分馆管理暂行办法》规定,在市级层面,市文化行政主管部门负责市政府乡镇分馆规划、政策、措施的具体实施;负责解决总馆和乡镇分馆在建设和运行过程中遇到的问题;出台乡镇分馆管理办法和绩效考评办法,组织对乡镇分馆进行验收和考核。在区级、乡镇层面,亦是循此管理。

市图书馆接受政府行政主管部门委托和授权作为总分馆体系中的总馆，并实施对乡镇分馆运营、业务的日常管理。"统筹规划"包括发展目标、工作重点、网点布局、建设标准的城乡统筹规划。嘉兴市政府提出的公共图书馆服务体系建设的总体目标是，形成以市图书馆为总馆、以乡镇和村（社区）图书馆（室）为骨干分馆、以企事业单位图书馆为补充的总分馆体系。

实现公共图书馆服务的城乡一体化，形成覆盖全市的图书馆总分馆体系，重点和难点在农村、在基层。因此，加强乡镇分馆建设是工作重点。嘉兴市政府规划到 2010 年实现乡镇、村（社区）图书馆（室）的全覆盖，这是服务网点的纵向延伸；同时规划实现文献资源的统一采购、统一编目、统一配送，实行书刊借阅全市"一卡通"，这是服务网点的横向联通。

（二）三级投入，集中管理

所谓"三级投入"，是指在市本级范围内，总分馆体系中的乡镇分馆建设和运营保障由市、区、乡镇三级政府共同投入。所谓"集中管理"，是指三级政府财政投入的乡镇图书馆运营经费由作为总馆的市图书馆集中支配使用。

其具体做法是：每新建一个乡镇分馆，开办费预算 30 万元，由市、区、乡镇三级财政各投入 10 万元，不足部分原则上由乡镇财政补充。乡镇分馆原则上建在乡镇文化中心或成人文化技术学校内。每新建一个乡镇分馆，市财政给予作为总馆的市图书馆 30 万元资源购置费补助，总馆专项用于新建乡镇分馆的一次性资源购置。乡镇分馆建成并进入正常运营阶段后，每个乡镇分馆每年运营保障经费 30 万元，市、区、乡镇三级政府财政各投入 10 万元。市财政的投入直接进入作为总馆的市图书馆，专项用于乡镇分馆的资源购置；区财政的投入划拨到设在区文化局的专门账户，主要用于乡镇分馆设备的添置和更新、消耗材料的补充，以及读者活动、工作人员加班、奖励等开支；乡镇财政的投入主要用于保障乡镇分馆的日常运营(水电、通讯、办公等)、馆舍维护,以及由乡镇配备的工作人员的工资等。作为总馆的市图书馆对三级政府财政投入的经费集中管理。如乡镇分馆的资源采购由总馆统一进行;乡镇分馆的设备添置或更新,由总馆提出要求,区或乡镇政府按政府采购的程序招标采购;乡镇分馆的其他日常业务支出,均由总馆决定,在预算的范围内支出。

(三) 资源共享,服务创新

为了保证资源共享的真正实现,嘉兴市在总分馆体系内文献资源由总馆统一采购、统一编目、统一配送,实现了文献资源的统一流通、统一检索、通借通还。为此,市图书馆组建了统一的采编中心,开发了统一的检索系统,建立了物流传递系统。全市总分馆体系中的文献资源,至少每三个月通过流动更新一次。同时,在总分馆体系内还建设统一的计算机网络平台,实现书目检索、数字资源的共享共用。

嘉兴市总分馆体系在服务创新方面所做的主要工作是:

服务内容拓展。总分馆体系中的图书馆不仅提供文献资源,而且提供活动。总馆的"南湖大讲堂"已经成为嘉兴知名的品牌文化活动。总馆每年至少策划组织一次所分馆参与的区域性读者活动,分馆每年至少独立组织一次读者活动。

服务手段多样。市图书馆的展览、活动、读者培训、政府信息公开等已向乡镇延伸和拓展。同时,嘉兴把乡镇分馆的建设与全国文化信息资源共享工程基层点结合起来,在乡镇分馆内实现了远程检索和浏览功能,城乡共享相同的数字资源,改变了传统图书馆服务手段单一的状况。

服务环境改善。乡镇分馆设置统一的标识识别系统。馆内配备空调、远程监控、自助存包等设备。馆内布置强调人性化、便捷化、舒适化,为读者提供良好的阅读环境,增强吸引力。

服务时间延长。人口密集度较高的乡镇分馆全年 365 天开放,每周开放时间不少于 56 小时;人口密集度较低的乡镇分馆每周六天开放,开放时间不低于 48 小时。制定奖励措施,鼓励乡镇分馆根据当地实际情况晚上开放。

服务性质公益。总分馆体系内的所有图书馆实现"五免费":免费办证、免费借阅、免费查询、免费上网(局域网)、免费参加活动,让图书馆真正变成体现全体人民共享文化科技发展成果的场所。

二、主要成效

嘉兴市城乡一体化公共图书馆服务体系建设以来,已经取得了良好的社会效益:

一是切实解决农民"读书难、借书难"问题,实现了总分馆之间图书通借通还,使广大基层读者可以在最短的时间、最近便的地方阅读到最新、最全的文化科技书刊,享受到城乡一体的"普遍、均等"的图书服务。

二是加强了农村文化建设。乡镇分馆极大地强化了乡镇综合文化站的书报刊阅读、电影电视播放、宣传教育及青少年校外活动等服务功能,从而使乡镇分馆成为推进乡镇综合文化站建设的一个新的抓手和亮点。

三是推动图书馆事业发展。在形式上,"嘉兴模式"与国外的"紧密型总分馆"达到了类似的效果,这一突破,打破了国内图书馆界学者关于"一级政府打造一个总分馆体系"的狭隘结论,表明在中国现行的财政体制和行政体制之下,存在着实现总分馆制度的可能性。这极大地推动了国内图书馆学总分馆理论研究,也为拓展图书馆事业、提高图书馆服务水平开辟了新的内容。

四是"嘉兴模式"受到全国关注。2008 年 4 月在嘉兴召开的"构建公共图书馆服务体系高层论坛"认为:嘉兴与苏州、佛山禅城区模式代表了目前我国东部经济发达地区公共图书馆服务体系建设较为成功的探索,成为我国图书馆总分馆建设的发展方向。人民日报、光明日报、中央"新闻联播"等国内重要媒体播报了嘉兴图书馆总分馆建设及成效。

2009 年 6 月 8 日,时任中央政治局常委李长春考察了嘉兴市图书馆大桥镇分馆,高度赞扬嘉兴构建城乡一体的公共图书馆服务体系的做法,"有利于改变城乡公共文化服务的二元结构,这个经验在全国有普遍意义,值得在全国推广"。嘉兴市城乡一体化公共图书馆服务体系在全市五县二区的推广和成功,也证明这是一种在经济发达地区可以复制的成功模式。

三、创新亮点

公共图书馆建设的"嘉兴模式",达到了体制创新、管理创新、运行创新、服务创新,对农村公共图书馆建设进行了有益探索。

(一) 打破城乡二元经济结构,采用"三级政府共建",实现了乡镇图书馆建设模式创新

在现有的行政体制和财政体制下,"一级政府建设和管理一个图书馆"的体制成了图书馆服务体系建设的最大障碍。嘉兴市实行"三级政府共建,总馆集中管理",乡镇分馆的建设资金和正常运营资金由市、区、镇三级政府共同投入,由嘉兴市图书馆统一管理,从根本上保证了乡镇图书馆可持续建设资金,减少了乡镇一级财政负担,推动了乡镇图书馆的长期发展;政府主导分馆建设,市政府根据各乡镇的人口数量、覆盖半径和行政区划,对分馆的网点布局进行城乡统筹规划,同时提出了乡镇分馆的统一建设标准,保证了乡镇分馆建设的科学规划;政府主导和出台了一系列适应市图书馆集中管理、遵循图书馆事业发展规律的管理体制和文件。这一建设模式体现了各级政府都应提供公共服务的责任,调动了各方面的积极性,与之同时,分担了政府的财政压力,节约了政府投入和管理成本,达到了体制创新。

（二）确立总馆中心图书馆地位，"集中管理"，创新服务网络的管理模式

嘉兴市总分馆服务体系实行联席会议制度下的总馆馆长负责制。由市公共图书馆集中管理乡镇分馆的经费、人员、设备、资源建设和相关业务活动，依托市馆的资源、技术、服务、管理，彻底改变过去孤立的乡镇图书馆难以有效地为农村提供优质公共图书馆服务的局面，建立起以市馆为总馆、乡镇图书馆为分馆、延伸到村和社区的服务网络。总馆为当地文献书目信息中心、图书资源配置中心、网络服务和业务管理中心，居于枢纽中心的地位，有利于总馆根据人口和服务半径统一调配资源，有利于保证乡镇分馆业务的专业性、提高服务质量，为公共图书馆服务体系可持续发展奠定了坚实的基础，达到了管理创新。

（三）实行联席会议制度，创新了图书馆服务体系运行方式

嘉兴在适应现行体制下建立了联席会议制度，市政府专门成立了市政府领导牵头，由市委宣传部、市发改委、市财政局分管领导和两区分管区长、市区二级文化主管部门和市图书馆负责人组成的公共图书馆服务体系的联席会议制度（乡镇镇长根据需要列会）。实现了图书馆服务体系的建设主体与管理主体的统一，保障了"紧密型总分馆"管理和运行，使得服务体系的领导机制、推进机制、保障机制、监督机制和管理机制基本形成，解决了中心图书馆"集中管理"的合法地位，为完善公共图书馆服务体系奠定了基础，达到了运行上的创新。

（四）实现区域内资源共享，创新了图书馆的服务方式

嘉兴市充分利用现代网络技术、现代物流系统，实现了区域内资源和活动的优化整合和高度共享。图书产权属于市图书馆，由总馆统一配置，在城乡图书馆之间实现无障碍流动。同时，通过物流，嘉兴市馆和五县（市）二区公共图书馆近 300 万册图书资源得到了高度流通与共享。分馆读者通过预约、物流、一卡通等方式能够阅读到嘉兴地区的所有文

献资源,通过共享工程访问全国、省及嘉兴的数字资源,通过馆际借书得到上海、浙江等兄弟馆的文献服务。

(五) 开拓农村新型图书馆建设模式,解决农民读书难问题

乡镇图书馆建设问题,不仅是困扰中国图书馆发展的行业内问题,更是严重影响公民尤其是农村居民享受公共文化服务的体制问题,中央和地方政府曾主导推动多项工程以加大农村公共文化投入,但乡镇图书馆建设仍无法满足农村居民的需求。嘉兴市在吸取了全国各地图书馆"总分馆"建设先进经验的基础上,创造性地跳出了城区分馆建设,开创性地完成了农村乡镇图书馆建设模式的探索。嘉兴市经过实地调研,结合农村公共文化建设现状,采用乡镇分馆馆长由总馆派出、总馆集中管理分馆业务的方法,加大了对乡镇分馆建设标准、管理标准、服务标准的管理,建设出了资源共享、文献丰富、服务方式多样、服务质量高的新型农村图书馆。在分馆内,基本按当地服务人口和当地经济文化特色配置不低于 3 万册图书、300 种期刊,平均每月图书流通 2 次,读者可以在分馆、流通站享受到图书期刊借阅、互联网、视频播放等多项服务,加大资源投入,从根本上努力满足农村居民对图书服务的需求。

宁波"群星展厅"
——打造视觉艺术的"星光大道"

"群星展厅"是宁波市文化广电新闻出版局支持,宁波市文化馆整合视觉艺术资源和展览设计优势,为强化阵地服务职能,促进公共文化设施的有效利用而策划实施的文化惠民项目。

位于月湖景区的"群星展厅",突破了传统美术、书法、摄影活动模式,充分发挥政府公益文化和群众文化网络优势,具有策展定位准,布展创意新,办展零门槛,开放全免费的特点,形成了阵地与巡展结合、实体与网络同步、名家与草根齐聚、鉴赏与交流并举的多样格局。鲜明的展览主题,灵活的展览形式,丰富的展览内容,"群星展厅"以其独特的艺术魅力成为月湖景区的"文化客厅",被甬城百姓亲切地称为"百姓美术馆"。

"群星展厅"自2008年7月推出以来,已举办各类展览86期,为160余位本地视觉艺术工作者和爱好者提供了展示的舞台,观众达50余万人次,收到外国友人、各地来甬游客和群众现场留言5300余条。每期展览活动以其亲民性、艺术性和娱乐性,让社会各界近距离感受宁波文化的艺术魅力,时任浙江省委常委、宁波市委书记的巴音朝鲁欣然题词"文化惠民,泽及百姓",也引起了《中国文化报》、《美术报》、《书法报》、《书法导报》、《宁波日报》、《宁波晚报》、宁波电视台等多家媒体的关注与专题报道,切实提高了文化馆的社会美誉度和文化影响力。"群星展厅"的倾力推出,使文化设施"机关化"的现状得到有效改善,让高居殿堂的视觉艺术走近了寻常人家,让初出茅庐的"草根"人士找到了展示的舞台。

"群星展厅"的品牌打造经验

（一）百姓艺术亮相的平台

作为面向市民免费开放、展示百姓艺术的窗口，"群星展厅"以创新公益服务为宗旨、以展览活动为载体，生动实践着"我的展厅我作主"的口号，既可以让百姓真正享受到免费的文化服务，又能使他们最大限度地展现自己，为了让普通民众以主人的姿态参与展厅的各项活动，为了满足不同职业、不同年龄群众的多样化需求，展厅量身制作了一批不同艺术形式和风格的展览，如举办的"王爱国根雕艺术展"、"杨明明工笔画作品展"、"陆开冲、施建华农民画展"、"徐敏杰麦秸画作品展"、"王文佳漆画展"等展览，不但为多年在乡间、海岛和民间，默默耕耘在民间艺术领域而又无力展示的"草根艺术家"无偿提供展示的平台，也让市民进一步了解宁波本地深厚的群众文化底蕴。

另外，为了让更多的普通百姓参与到展厅活动中来，非常注重"群星展厅"与百姓的互动，通过媒体面向宁波全大市征展百姓艺术，并做好登记、联系及反馈等相关工作，并在展览形式、评选方式上尽可能地为百姓创造文化共享的机会。如牛年伊始的"看谁最'牛'——2009宁波市'百牛迎春'绘画大赛"，在群众中征集作品500余幅，这些作品来自社会的各个层面，有老人、有孩子，有普通农家妇女，也有风华正茂的学生，同时活动征集作品在网站同时展出，并进行投票，其中金奖作品的网络最高点击量达21万多票，真正体现了"百姓节日、百姓作品、百姓评选"的活动宗旨。

（二）推介视觉人才的空间

抓人才、出作品、推新人，繁荣艺术创作，丰富群众艺术生活是群文工作的重要任务。"群星展厅"在挖掘、推介、扶持视觉艺术人才方面做了大量的工作,使宁波群众视觉艺术界普通的"星星"闪烁出耀眼的光芒,如"农民艺术之星系列作品展"、"视觉新锐系列作品展"、"女艺术家系列作品展"、"企业艺术系列展"等活动,成功地推介了一批视觉艺术人才,如"视觉新锐"系列展是"群星展厅"专为青年艺术家而策划的展览,至今已举办4期,共为16位有潜质的中青年艺术家进行了推介,受到社会的关注。如工笔画爱好者杨明明原是象山县一名淳朴的农家妇女,8年前开始倾心于三矾九染的花鸟画,当她的作品出现在"群星展厅"时,引起了小小的轰动,她也由此成为了远近闻名的农民"艺术之星"。

"群星展厅"还与宁波日报社、宁波晚报社等多家媒体合作,分别在《宁波日报》、《宁波晚报》、《东南商报》、《广播电视周报》上推出专版的"群星展厅"视觉艺术作品及个人专访,并通过电视台的专题《视点》节目,使全市的老百姓都来了解和关心身边的"明星"。在举办《心影之路——龚爱茹摄影作品展》、《城市边缘——沈一鸣都市系列摄影展》、《赏心·心赏——吴昌卿国画小品展》、《意趣盎然——林绍灵油画江南》、《艺术有约——画坛群英会》、《与春共晤——甬上国画家作品展》等名家名作展的同时,举办了现场交流活动和创作座谈会,不但提高了群众的艺术鉴赏水平,也使百姓与名家有了面对面的交流探讨机会。"群星展厅"以其丰富的内容、鲜明的主题、积极的态度、较好的推介效果,吸引了视觉艺术人才的踊跃参展,也使百姓欣赏到了本土艺术人才的艺术魅力。

(三)草根社团展示的窗口

"群星展厅"紧密围绕着基层辅导这一核心职能,不断创新工作方式,重心下移,扎根基层,为草根社团的社会推介不遗余力。"群星展厅"非常注重对视觉艺术民间社团的扶持和培养,结合文化馆"特色基层辅导示范点"工作,加大对余姚、慈溪、奉化、象山等地的18家基层文化示范点当地群众的书法、美术、摄影等方面创作辅导力度,鼓励其出作品、出成果,并通过"群星展厅"进行成果展示,很好地实现了由"送文化"到

"种文化"质的转变。此间,已成功举办了慈溪市掌起镇"掌起书画协会"的"笔墨染创业"创作成果展以及余姚印泉书画协会的"临山风"书画作品展示,有力地扩大了"群星展厅"的影响力。"群星展厅"热诚的服务态度、严谨的工作作风也得到了社会其他"草根"社团的青睐,如镇海俞范社区的书画作品在展厅展出、宁波市一些书法爱好者通过网络组建起来的书法骨干团队在展厅举办了"第二届'春之韵'甬上实力书家书法作品展"等,外来民工子弟学校学生的艺术作品也在展厅集体亮相。

(四)延伸品牌服务的效应

"群星展厅"十分注重服务的延伸,把文化品牌树立到基层,其多次展览展示活动就放在社区、乡村和厂矿企业。先后在镇海、北仑和海曙等地举办"开门见艺"——"群星展厅"走进社区巡展;在浙江造船厂、北仑钢铁厂等地举办"2008新宁波人视觉艺术大展",策划推出以民营企业家和企业书画、摄影爱好者为主体的系列视觉艺术展览,"心随鹭舞"——电力工人胡卫国野生鹭鸟摄影作品展、宁波市劳动保障系统摄影作品展、宁波市企业家摄影优秀作品展等,展览充分挖掘和展示了宁波现代儒商文化和"兼容并蓄、善于开拓"的创业精神。同时,"群星展厅"还成功开辟了宁波群艺网的视觉栏目,让市民能够足不出户就参与到自己喜爱的视觉艺术活动中来。再加上组织市民艺术爱好者俱乐部、展讯短信平台、QQ群等,使有限的展览资源得到最大的优化,有力地激发起了许多有艺术才华的普通市民创作与展示的积极性。如今,"群星展厅"业已成为宁波的"百姓美术馆"和市民自己的"星光大道",成为宁波公益文化的又一个知名品牌。

(五)架构多元文化的桥梁

"群星展厅"在推出平民艺术家的基础上,不断丰富展陈内容、提高展陈品位、拓展运行手段。2011年,"群星展厅"重点实施了"走出去,引进来"战略,推出名家个展、三月女性系列展、鄞州美术月系列展等主题鲜明、形式多样、内容丰富的展览。与以往相比,展览的品质和品位更高,艺术效果和形式感更强。"引进来",就是要引入外地的精英文化,为宁波的艺术爱好者提供国际交流平台,如引进"共存的梦——旅美画家林月慧作品展",让老百姓有更多的机会感受高雅艺术,与其相互切磋,取长补短,起到良好的交流促进作用。"走出去",如策划了"山海之约"——宁波(鄞州)金华(东阳)书法作品联展,作为文化交流协作的文化走亲活动,这是展厅扩大影响的一次艺术互动的创新尝试,为两地的艺术交流提供了平台,促进地域间文化的碰撞与理念的更新,增进两地文化艺术的发展和友谊。

另外,"群星展厅"还在不断寻求突破,如与鄞州区文联、鄞州区美术家协会联合举办的"鄞州美术月"——鄞州区美术创作群体作品系列展,通过《油画艺事》、《鄞州水·它山情》、《师之画韵》三个展览,集中展示了鄞州区美术创作群体的实力,这是"群星展厅"在办展形式的丰富性、多样性和创新性方面进行的一次有益尝试。2011 年 5 月,《浙江文化》月刊发表了题为"群星展厅,讲述百姓的艺术故事"创新专文,进一步扩大了"群星展厅"在全省乃全国的影响力。

"文化走亲"
——打造开放式"欢乐湖州"活动平台

近年来,湖州市围绕打造"欢乐湖州"的群众文化活动品牌,开展了"十百千万工程"、"送戏送书工程"等公益文化活动,极大地满足了群众的文化需求。2008年,湖州市在进一步探索"欢乐湖州"组织形式和运行机制的基础上进行创新,以德清县作为试点,建立起"文化走亲"运作机制,大力开展县、乡镇、村、社区多个层面之间的文化交流活动,突出基层广大文艺骨干在"欢乐湖州"中的主体地位,突破文化主管部门主办文化活动的格局,走出了一条多元活动主体,城乡文化优势互补互动。在共同发展先进文化的新路子,进一步提升了"欢乐湖州"群众文化张力,丰富了群众文化生活。2009年,"文化走亲"以"欢乐湖州"活动为平台,在促进非遗传承、社会资源推动文化发展等方面进行了大力探索,取得了明显实效。同年,省委常委、副省长葛慧君先后对湖州文化惠民、传统文化进校园、利用社会资源推进文化下乡、村落文化建设这四项工作进行了批示,予以了充分肯定。由此,"文化走亲"被省委宣传部评为"宣传思想文化工作'三贴近'"的"创新奖",被浙江省文化厅评为"文化创新"一等奖,并受到了中央电视台、《中国文化报》、《浙江日报》、浙江电视台等媒体的广泛关注。

一、主要内容

(一) 多元活动主体

"文化走亲"是各县、区(乡镇)自行组织综合性文艺节目,开展村际、镇际、县际等文化交流活动,形成多层次、多类别、多样化的基层文化活动新格局。通过"选亲、招亲、结亲、留亲"等"文化走亲"活动,打造开放式活动平台,激发县区、部门、单位和群众主动参与的积极性,形成多元活动主体,促进文化交流互动。2008年上半年,湖州市以德清县为试点组织开展乡镇横向文化交流互动。在试点演出的基础上,于下半年开始在全市三县两区全面推行"文化走亲",以县区与县区、镇与镇、村与村、城市与乡村之间这四种文化交流形式,普及交流互动演出,实现了县区之间"文化走亲"的全覆盖,促进了城乡文化的交流。在全市开展"文化走亲"活动的基础上,进一步拓宽文化交流面,积极与其他省市开展"文化走亲"活动,使湖州文化"走出去",进一步宣传、推介湖州。

(二)多种活动形式

"文化走亲"欢乐湖州活动的节目主要以当地非物质文化遗产的成果为载体,分四个层次。一是依托乡镇,开展乡镇之间的文化走亲;二是组织村、社区之间的文化走亲;三是县(区)域之间的文化走亲;四是"走出去"、"送进来",跟周边县(区)的文化走亲。2009年,全市五个县区共有60个乡镇(街道)组织本区域文艺团队开展乡镇间交流演出255余场,参与演出文艺节目2850余个,参与演员5720余人次,吸引观众32万余人次。同时还与江苏省吴江市、上海市黄浦区、杭州市上城区等地实现了跨地区的文化走亲。

(三)多种活动措施

为确保"文化走亲"欢乐湖州活动有序开展,德清县试点出台了《开展乡镇、社区、行政村横向文化活动交流方案》,湖州市出台了《湖州市"文化走亲"工作方案》,并建立健全了四项机制。一是建立组织运作机制。实行组织化运作,分工明确,责任到位。年初由文广新局制定县区、乡镇、社区、行政村文化交流演出工作目标任务,并以文件形式下发。明确各县区全年去兄弟县区文化交流演出活动1~2场,各乡镇开展乡镇之间横向文化交流演出活动4~6场,组织省级文化示范村、社区文化交流活动不少于4场。县(区)负责制订活动方案和具体组织实施文化交流。二是经费投入机制。对"文化走亲"欢乐湖州活动采取资金扶持,由市文新闻局组织协调,并给予每场一定数额的演出补贴。另外以冠名、联办等方式吸引部门和企业等社会资金投入文化活动。如长兴县广场文化周周演,就得到了绿城房地产的冠名支持。三是建立督察机制。成立专门工作班子对"文化走亲"欢乐湖州活动情况进行不定期巡察,并对演出节目内容和节目单进行审核。四是建立年度考核机制。把各县区"文化走亲"欢乐湖州活动纳入县区文化工作考核,并占有较大分值,对交流活动顺利完成、活动富有特色的县区、乡镇给予表彰和奖励。

二、成效评价

(一)创新了"种文化"载体

自2007年开展"欢乐湖州"系列群众文化活动以来,文化娱乐已日益成为农民生活中不可或缺的一部分,频繁的城市文化下乡逐渐唤醒了农民群众的文艺细胞,激发了农民群众对文化生活的渴求。湖州市在做好"送文化下乡"的同时,还顺应当地农民求知求乐求美的愿望,大力培育农村特色文化团队,繁荣本土文化,让农民自编自演各种文艺节目参加"文化走亲"活动,将各自现有浓郁地域特色和一定艺术水准的农村文艺节目引入城市,让越来越多的农民群众逐渐从台下观众变为台上主角。目前,全市共组建各类特色文体团队865支,培育文化示范户879户。如吴兴区八里店镇的章家堠村,新建戏曲队、合唱队等数支特色鲜明的农民艺术团队,并创作一台200余分钟的文艺演出,积极开展村级"文化走亲"活动。通过"文化走亲"活动,南浔区文化部门进一步挖掘当地文化资源,在各村中新培育出菱桶舞队、鱼灯舞队、蚌壳舞队、荡湖船队等极具水乡风情的文艺团队。现全市已形成了以"善琏湖笔之乡"、"浙北乾龙灯会"、"新市蚕花庙会"、"孝丰的孝子文化"、"洛舍钢琴节"、

"三合防风文化节"、"筷头沈约故里"等乡镇为基础的重大节庆和民间特色文化活动。正是这批充满生机活力、肯吃苦、乐奉献的文艺骨干给全市新农村文化建设注入了生机和活力,有效发挥了"种文化"主力军作用。

(二)促进了民间文化繁荣

湖州市民间艺术资源丰富,为大量本土的农民群众深深喜爱。尤其是近两年的非物质文化遗产普查和保护,让一些极具地方特色的民间传统艺术重放光彩,如"安吉威风锣鼓"、"竹叶龙"、"林城狮舞"、"三跳"和"滩簧小戏"等。而城里人出于寻根、怀旧、探新等原因,往往对传统文化情有独钟。开展文化走亲,促进农村文化区域交流互动,让城里文化下乡,让农村文化进城,不仅可以丰富城乡居民的文化生活,而且促进城乡文化产品开发和创作。今年来配合市里开展的文化下乡辅导"三个三"(与全市1/3的乡镇文化站结对,全年1/3的时间下基层辅导,全年每人新创作3件作品),目前已新创作节目72个。如吴兴区八里店镇《稻穗龙》、东林镇的《柳编放歌》,南浔区的《小小渔鼓乐》《渔家欢歌》,安吉县为残疾人艺术团量身打造的竹乐《竹海春雨》,长兴县创作的《西瓜狮舞》、《西瓜圆舞曲》等都具有浓郁地方特色,同时还发现了一大批民间文化人才,丰富了群众文化队伍。

(三)发挥了乡镇文化站的主体作用

"文化走亲"欢乐湖州活动是农村公共文化服务的新任务,在提高农村文化的造血功能和自我发展能力的同时,增强了乡镇文化站"送文化"的针对性。通过文化走亲组织文化交流,文化站对本区内的文化资源进行有效整合,民间文化力量得到空前凝聚,镇文化站各类设施也得到了充分利用,乡镇文化站逐渐从"看门守站"向"开门办站"转变,进一步扩展群众文化活动张力。如武康镇为组织好文化走亲活动,召集本镇文艺骨干召开文艺节目编排会,下达创作任务,创作滩簧小品《近亲结婚害处多》、《和谐鸣奏曲》、快板《和美家园大家建》等15个节目,组成一台戏开展县区巡演。吴兴区八里店镇文化站积极发挥文化服务优势,协助移沿山村组建了管乐队等数支团队,并创排了一台文艺节目,主动参与"文化走亲"欢乐湖州活动。

三、创新亮点

(一) 突出了文艺骨干的主体地位

"文化走亲"欢乐湖州活动创新了由前期政府向文艺团队下订单、买服务的运作形式,突破文化主管部门主办文化活动格局,突出县区和广大文艺骨干在"欢乐湖州"中的主体地位,让农民群众从观众走向演员,极大地调动了广大群众参与文化活动的积极性,同时也锻炼了文艺骨干的创作能力和艺术水平的提高,从而使"文化走亲"成为一个没有围墙的剧院,群众施展文艺才华的开放式舞台,社会各界服务宣传工作的有效载体,让越来越多的农民群众逐渐从台下观众变为台上主角。

(二) 打造了城乡开放式活动平台

近年来,随着文化惠民工程的普及,文化下乡活动较多,为农民送文化,对改善农村文化状况,让农民享受文化成果起了一定作用,受到农民的欢迎。但是,"送文化"多是逢年过节"送"一下,文艺演出数量也有限,不能在当地生根发芽。"文化走亲"的提出和试行,通过城乡互动的形式,增强演出的活力,为乡镇业余文艺骨干提供施展才艺的平台,以此提高和促进基层文艺骨干的积极性和演出水平,推进从"送"文化向"种"文化转变。2008年,开始进一步试点工作,选四个文艺基础较好的乡镇各自组织一台节目到县城举办专场演出,另外组织三场小型演出用流动舞台车到其他乡镇交流演出;2009年,文化走亲在试点成功的基础上全面铺开,在组织开展乡镇横向文化交流互动试点演出的基础上,普及交流互动演出,实现县区之间"文化走亲"全覆盖。通过"文化走亲"活动,打造开放式活动平台,激发县区、部门、单位和群众参与的积极性,促进城乡文化互动。

(三）提升了公共文化服务张力

"文化走亲"使文化工作者的工作方法和工作能力都得到了很大提高,为文化大繁荣、大发展起到了积极的推进作用。为进一步提高"文化走亲"的品牌影响力,使之能可持续发展、富于生命力,湖州市积极探索了熔公益性与社会力量广泛参与于一体的模式,拓展部门协作模式,紧紧围绕部门和企业的业务工作,使"文化走亲"成为服务于企业、部门工作延伸的桥梁,进一步提升了公共文化服务的张力,取得了良好的社会效应。

杭州上城区文艺团队
——群众文化活动的生力军

上城区文艺团队联合会成立于 2007 年,是全省首家县区级文艺团队联合会,它通过建立规范的组织,把长期活跃在大街小巷的"草根"文艺团队凝聚在一起,拥有了统一的管理机构、章程、会旗和会徽,从而结束了这些"草根"文艺团队松散无序的状态。

上城区文艺团队联合会自成立起,始终以"和谐、健康、快乐"为宗旨,围绕群众文化需求,以吴山广场为中心,以湖滨公园、太庙广场、各街道文化站、各社区文化室为基点,开展了全方位的群众文化活动,成为广大老百姓自我娱乐、自我教育、自我开发的群众性社团组织。如以会员为主体举办的上城区"城市一家人"外来务工者艺术节、在吴山广场组织"百团百场"文艺演出、十一届上城区歌手大赛、纪念改革开放 30 周年文艺晚会等大型活动,让群众在家门口就能享受到文化生活。此外,还积极组织会员参加全国、省、市文艺比赛,获得了多项佳绩。如节目《欢聚一堂》在浙江省第八届老年文化艺术周上获得双金奖;《嘿,老哥们!》获得浙江省群星奖金奖;《火红的激情》和《欢乐的年代》分别摘取第十届香港国际中老年音乐舞蹈、服饰风采艺术大赛最高奖"金紫荆花奖"和组织奖,并双双荣获编导最高奖……据统计,广大动员获得的国家级奖项达 183 人次、省级奖项 316 人次、市级奖项的 581 人次……2010 年,联合会被省文化厅评为首届浙江省基层公共文化服务创新项目三等奖;2011 年又被省文化厅评为浙江省公共文化服务示范项目。这支拥有 397 支各类业余文艺团队、12000 名会员的队伍,在"和谐、健康、快乐"的旗帜之下,成为推动上城区精神文明建设、活跃群众文化活动的一支生力军。

一、实践经验

（一）立足多元文化

杭州上城区是吴越文化和南宋文化的核心基点，文化底蕴深厚，人才辈出，群众文化活动频繁丰富。上城区原有 346 支业余文艺团队，9800 多名文艺爱好者，其中街道分会 110 支，共 4942 人，直属队伍有 36 支，共 2633 人，社区有 200 支，共 2200 余人，但这些队伍和人员都呈散在状态。2007 年 6 月，上城区文艺团队联合会以这些"游击队"为基础，首创成立了浙江省第一个正规、合法的县区级文艺团队联合会群众文化规范组织。

上城区文艺团队综合了群众文化的各个层面，成为综合多元文化的复合体，是草根文化的拓展与提升。它吸收了各种文化的长处和各行各业的艺术人才，他们来自社会各个阶层，长期生活在基层群众之中，有着丰富的现实生活经历和感受，有着源源不断的创作源泉。队员们通过文化活动聚集在一起，在充满乐趣的文艺创造中，身心得到愉悦，自身得到提高与发展，同时还为社会、为他人带来艺术美的享受。

（二）契合群众需求

在经济高速发展的今天，人们对精神文化的需求越来越高，且呈现出多元化趋势。首先，社会老龄化越来越严重，如何让老年人"难挨的晚年时光"在轻松愉快中度过，引导他们合理利用闲暇时间，已成为人们普遍关注的问题。其次，高节奏的现代生活让年轻人的生活充满了压力，如何让他们在工作之余有效缓解生活压力，有一个快乐的精神享受，让他们的休息更加富有合理性和有效性，这也是当今社会亟须解决的问题。在进入新世纪后，人们对文化的需求日益增长，突破了被动享受的局限，上升到了展现自己，达到自我满足，体现自我价值的高度。上城区文化馆在探索新时期群众文化需求的基础上,紧跟时代的节拍,在上级党委、政府的支持下,组建了省内第一支文艺团队联合会,这既能为上述问题提供解决的途径,又能推进人们追求更高的生活品质,使之进行更合理的文化消费,这与国家倡导文化大繁荣大发展下的文化需求十分契合。

(三)紧跟时代节奏

在文化大发展大繁荣的形势下,上城区文艺团队联合会为提高团队的质量,扩充文艺骨干队伍素质,激励文化馆专业人员联系辅导团队,邀请了一些专业人士对队员进行指导,尽力让更多的专业人才为团队服务,传授技能,示范辅导,从而编排出更多的文艺节目。通过文艺团队的建设,不仅提高了团队的专业素质,也使群众对团队越来越有信心,以更好地服务群众,还能加强上城区的厚重文化建设。上城区文艺团队联合会所包含的艺术门类动静结合,种类繁多。历年来,广大会员在上城区文化馆的精心辅导下,整体素质日益提高,真正成为人们在职业之外自我娱乐、自我教育、自我开发的群众性文化组织。此外,联合会的直属团队经常下基层,进学校,为市民送去了一道道文化大餐,深受广大群众的好评,同时也得到了省、市各级领导的重视。

二、社会效应

自筹备工作起,在区委、区政府的领导下,上城区文化部门尤其是区文化馆,结合全市文化工作会议精神,认真贯彻落实省、市宣传文化部门的方针政策,精心构筑上城区文艺团队联合会这个基层文化载体,全面激活群众文化活动,为上城区甚至杭州市的文化繁荣作出了巨大的贡献。

(一)给政府架"桥梁"

政府和群众之间存在着这样或那样的矛盾,比如失业失地问题、征地房屋拆迁问题、贫富差距问题等,要解决这些矛盾,更需要一种情感沟通和心理认同。上城区文艺团队通过各种文化艺术活动来拉近群众和政府之间的距离,构筑沟通的渠道,沟通情感、促进理解、加强团结,给已凸现或潜在的社会情绪,提供了宣泄渠道和手段,以冲淡社会情绪,在一定程度上缓和了社会矛盾。当群众碰到一些诸如拆迁补偿、失业补助、养老就医等问题时,往往会情绪激动,甚至对党和政府不满,采取串联上访或其他过激行动。而文艺团队中的骨干分子,大多具有较好的文化素质和良好的人际关系,在群众中具有一定威信,他们在帮助开导、劝说或帮助联系政府部门进行合情合理的解决上起到了很大的作用。这些作用就像"润滑剂",使政府和普通群众有更好的沟通联系,化解了社会矛盾,消除隔阂、黏合各种心理裂痕,从而起到了桥梁作用。

(二)给城市送"和谐"

上城区文艺团队联合会在组建前,区委、区政府给予了充分的支持,区文化馆挑头策划、筹备组建工作,得到了上城区委宣传部、上城区文化广电新闻出版局的高度重视,区民政局也十分关怀。团队成立后,政府部门提出了建设性意见,并组织了周末文化大舞台的"百团百场"文艺演出,提高他们的团队合作精神和专业水平,更重要的是给广大会员搭建了自我展示的平台,满足了他们实现自身价值的愿望。"百团百场"文艺演出在上城区掀起了群众文化活动的小高潮,开展后,上城区文艺团队联合会的影响力在不断扩大,还树立了上城区群众文化与社区文化结合的品牌形象。2009 年 6 月 5 日,《浙江日报》以头版头条的位置予以报道。上城区文艺团队的文化活动让领导看了放心,让群众看了高兴有劲,促进了社会的和谐。

(三)给文化注"血液"

文化阵地是群众文化活动的基本条件,是服务基层、服务社区、服务群众的载体。为保障文艺团队整体素质的提高,以更好地服务群众,相关部门积极引导社会各界,开发和建设公共文化设施,合理利用上城区的各个文化活动场所,如重新改造开发吴山文化大舞台,充分利用文化馆、街道文化站、公园等活动阵地,从而真正做到为民所用,确保文艺团队生存的基本条件,以更好地做到服务群众。另外,外来务工人员作为城镇的新群体,其文化需求更加迫切。上城区文艺团队联合会在组织上城区居民参加文艺活动外,还非常重视外来务工人员的文化生活。2006年举办了首届"杭州市上城区外来务工者艺术节"系列文艺演出后,又相继开展了"城市一家人"外来务工者歌手大赛、外来务工者青年文艺新星擂台赛、外来务工者书画展等多项工作。另外,还把机关干部纳入文化活动的范围,如第九届歌手大赛专设机关干部组,在机关干部中培养声乐爱好者队伍。通过这些活动,既使外来务工人员的文化需求得到满足,也活跃了机关干部的文化生活,有效地推动了文化阵地建设。

(四)给社会添"安定"

同住一个城区,亲人和邻里之间难免会产生摩擦,此时如果去团队参加活动,一方面可以自我冷静,另一方面参加者的心情也得到了调适,再加上队员的劝导,使矛盾解除,主动避免了"战争"爆发,许多摩擦也会在莞尔一笑中熄火。而且当你在外参加活动,与人进行适当的沟通和交流,调和心态会增进邻里间的关系,此时一些小矛盾会在一声"对不起"中化解,一些大矛盾也会顾及邻里关系互相退让而得以缓解。上城区文艺团队的出现,给群众提供了交流联系、沟通的机会,促进邻里的团结和谐。团队活动不仅深入人心,也深受家庭欢迎和邻里的支持,成了家庭和邻里和谐的润滑剂。

(五)给群众增"激情"

上城区文艺团队联合会自成立以来,始终以健康快乐为宗旨,围绕全面小康社会建设的生动实践,围绕群众的精神文化需求策划组织了各项演出。广大队员在参加文艺活动的同时,还参加了省、市多项文艺比赛,获得佳绩。如歌伴舞《欢聚一堂》在浙江省第八届老年文化艺术周上获得双金奖;常青艺术团口琴队队长、74岁的何秀峰老人带着队员们用口琴表演的《采茶舞曲》，曾荣获亚太地区第七届口琴节老年组特别奖。2009 年 4 月，第十届香港国际中老年音乐舞蹈、服饰风采艺术大赛在香港举行，国标舞队以热情奔放的西班牙舞《火红的激情》和摩登舞《欢乐的年代》分别摘取"金紫荆花奖"最高奖项和组织奖，并双双荣获了编导最高奖。但是，组织活动并不是为了拿奖项，排练、演出只是队员们共同的爱好，在这个大家庭里大家互帮互助，和睦相处，有着共同的追求目标，使得生活更充实。同时，基层群众更是受益者，他们受到各种不同文化的熏陶，经长时间的耳濡目染后，跃跃欲试，参与群众文化活动的激情倍增。

参考文献

[1] 陈立旭、汪俊昌等著:《崇文育人看浙江》,杭州:浙江人民出版社, 2008 年。

[2] 陈一新、徐志宏等著:《浙江改革开放 30 年辉煌成就与未来思路》, 杭州:浙江人民出版社,2008 年。

[3] 郭湛主编:《社会公共性研究》,王维国、郑广永副主编,北京:人民出 版社,2009 年。

[4] 孔繁斌著:《公共性的再生产——多中心治理的合作机制建构》,南 京:江苏人民出版社,2008 年。

[5] 来颖杰:《浙江省公共文化服务体系建设成果》,2009 年 11 月 25 日, http://www.zjwh.gov.cn/dtxx/zjwh/2009-11-26/84310.htm。

[6] 李景源、陈威主编:《中国公共文化服务发展报告(2009)》,北京:社 会科学文献出版社,2009 年。

[7] 林吕建主编:《2009 年浙江发展报告(文化卷)/浙江蓝皮书》,杭州: 杭州出版社,2009 年 。

[8] 林吕建主编:《2010 年浙江发展报告(文化卷)/浙江蓝皮书》,杭州: 杭州出版社,2010 年。

[9] 林吕建主编:《2011 年浙江发展报告(文化卷)/浙江蓝皮书》,杭州: 杭州出版社,2011 年。

[10] 童桦:《创新公共文化服务体系建设》.2011 年 12 月 01 日。http:// news.sina.com.cn/c/2011-12-01/062023554919.shtml

[11] 汪晖、陈燕谷主编:《文化与公共性》,北京:生活·读书·新知三联 书店,2005 年。

［12］王列生、郭全中、肖庆主编：《国家公共文化服务体系论》，北京：人民出版社，2009 年。

［13］王全吉、周航主编：《浙江改革开放 30 年群众文化实践研究》，杭州：杭州出版社，2010 年。

［14］许英：《杭州基本形成公共文化服务六大体系》，2011 年 12 月 19 日。http://www.zjwh.gov.cn/dtxx/zjwh/2011-12-19/114738.htm。

［15］周光辉主编：《公共政策与社会公正》，张亲培等著，长春：吉林人民出版社，2009 年。

［16］周航、王全吉主编：《浙江 100 个文化馆创新报告》，杭州：杭州出版社，2011 年。

后　记

　　五月的江南下着雨。雨落在江南碧绿如茵的芳草地,落在西湖翠色欲流的小荷上……江南在雨中显得生机勃勃。

　　翻阅着面前《浙江公共文化服务创新研究》的书稿,浙江各地公共文化服务创新的鲜活案例,便生动地呈现在我的眼前,犹如这五月的江南充满着旺盛的生机与活力。

　　浙江自古以来人文荟萃,文化积淀极为深厚。在文化大省走向文化强省的道路上,浙江群众文化工作者以强烈的使命感,自觉的创新意识,面向城乡百姓,创造性地开展公共文化服务,实践着"干在实处、走在前列"的浙江精神——

　　是浙江群众文化理论研究者,2001 年在全国率先提出建设"十五分钟文化圈"的公共文化服务理念,并付诸群众文化实践之中;

　　是浙江群众文化工作者,在全国率先开展声势浩大的"浙江百村农民种文化"活动,充分发挥农民的文化参与热情和创造性,发现和培养了一大批乡土文化能人,植根于传统土壤的乡土文化焕发出新的光彩;

　　是浙江群众文化工作者,在全国率先开展县级公共文化服务动态评估,每年对全省各县(市、区)公共文化服务进行定量分析,促进各地文化工作不断推进;

　　是浙江群众文化工作者,在全国率先开展大规模的新农村农民文化生活满意度调查,走进全省 100 多个村落,零距离地倾听农民的文化呼声,100 万字的《浙江新农村文化报告——来自 118 个行政村农民文化生活的田野调查》出版后,获文化部全国"群星奖";

　　是浙江群众文化工作者,在全国率先探索城乡公共图书服务"总分

馆制","嘉兴模式"成为令人耳熟能详的图书服务创新样板之一;

是浙江群众文化工作者,在全国率先探索全民参与的群众文化活动机制,"唱响定海·全民 K 歌赛"成为当地全民参与文化创造、享受文化快乐的"草根文化盛宴";

......

在文化名人灿若星河的浙江,在东部沿海这块文化沃土,公共文化服务的阳光照耀着城乡百姓的日子,照亮了寻常人家的平凡生活。

在参加文化部全国文化干部业务培训教材编写的日子里,我翻阅着浙江各地公共文化服务创新的材料,切身感受到浙江公共文化服务的脉动,感受到锐意进取、奋发有为的浙江文化创新实践,心中的自豪和激动油然而生。作为群众文化理论研究者,我们有责任去关注和研究浙江生机蓬勃的公共文化服务创新实践,用文字记录自己的思考和探索。

去年下半年以来,我和我的朋友们力图以有限的能力,努力去把握新世纪以来浙江公共文化服务创新的轨迹,理性概括和分析公共文化服务创新的基本特征,提炼浙江公共文化服务创新的经验,以自己的学识和心智,为文化强国建设奉献微薄之力。

本书由七个章节和十个创新案例构成。第一章"公共文化服务的概念与内涵"由黄放执笔,第二章"浙江公共文化服务创新的动力"由阮静执笔,第三章"浙江公共文化服务创新的发展历程"由朱伟执笔,第四章"浙江公共文化服务创新的基本特征"由贾建良执笔,第五章"浙江公共文化服务创新分析"由李华、金笑执笔,第六章"浙江公共文化服务创新的基本经验"由金才汉执笔,第七章"浙江公共文化服务创新趋势"由黄霞芬执笔,附录的案例部分由龚蓓、杨卓娅执笔。

作为浙江省文化厅的公共文化服务研究系列课题之一,"浙江公共文化服务创新研究"课题成果以专著的形式呈现在朋友们面前。本课题组王全吉、周航任组长,副组长由黄放、朱伟担任。本书稿的完成,是我们整个团队近一年来努力的结果,由我列出本书的研究思路与写作提纲,黄放认真细化写作提纲,使之更为丰满,更具有写作上的指导性。在此基础上,整个课题组数次进行认真的讨论、修正,我的同事、浙江省群众文化学会副秘书长周航提出了许多很有价值的建议。在撰写过程中,我们专门建立课题研究 QQ 群,上传公共文化服务创新案例、研究成果、图书馆里能找到的参考书目,分享写作过程的艰辛和快乐。黄放、朱伟分别对书稿提出修改建议;最后,我和周航对全书进行统稿,并作部分修改。

在课题研究和书稿写作中,我们收获思想,也收获了友谊。

在书稿即将付印之际,感谢浙江省文化厅领导多年来对群众文化理论研究工作的高度重视,感谢浙江省文化艺术研究院常务副院长张卫中教授的悉心指导,感谢浙江省文化馆刁玉泉馆长、胡敏副馆长对课题研究工作的大力支持,感谢为本书稿付出辛勤努力的课题组朋友们。

同时,还要感谢浙江这片文化热土,这里充满生机活力的公共文化服务创新实践,为我们现在乃至今后的群众文化理论研究,提供了极为丰富的研究资源和源源不断的写作灵感。

我愿和同道们一起,继续努力,用心灵去感受,用文字去解读。

王全吉

2013 年 1 月

图书在版编目（CIP）数据

浙江公共文化服务创新研究／王全吉，周航主编.
—杭州：浙江大学出版社，2013.11
ISBN 978-7-308-12439-3

Ⅰ.①浙… Ⅱ.①王… ②周… Ⅲ.①公共管理—文
化工作—研究—浙江省 Ⅳ.①G249.275.5

中国版本图书馆 CIP 数据核字（2013）第 258584 号

浙江公共文化服务创新研究

主编 王全吉 周 航

责任编辑	余健波
封面设计	黄晓意
出版发行	浙江大学出版社
	（杭州市天目山路 148 号 邮政编码 310007）
	（网址：http://www.zjupress.com）
排 版	杭州好友排版工作室
印 刷	杭州丰源印刷有限公司
开 本	710mm×1000mm 1/16
印 张	14.25
字 数	205 千
版 印 次	2013 年 11 月第 1 版 2013 年 11 月第 1 次印刷
书 号	ISBN 978-7-308-12439-3
定 价	40.00 元